文春文庫

居酒屋おくのほそ道

太田和彦
画　村松誠

文藝春秋

千住
奥の細道 矢立初めの地

日光東照宮

平泉

遊行柳

目次

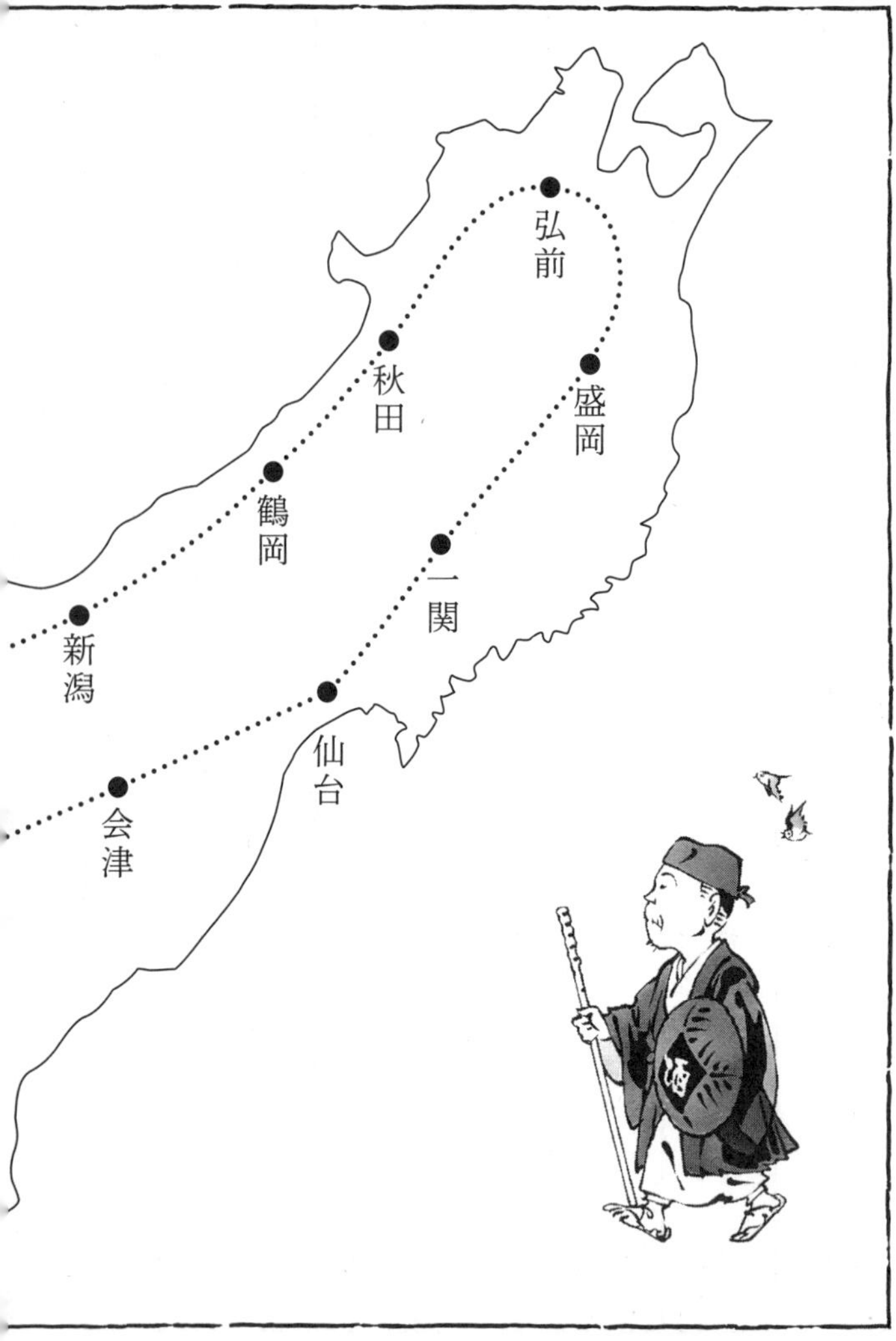
弘前
秋田
盛岡
鶴岡
一関
新潟
仙台
会津

居酒屋おくのほそ道

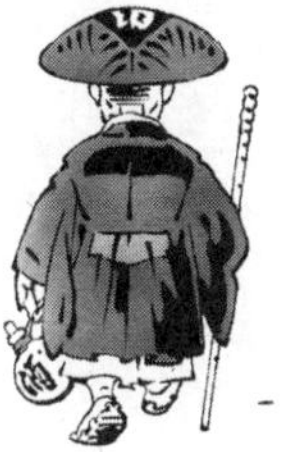

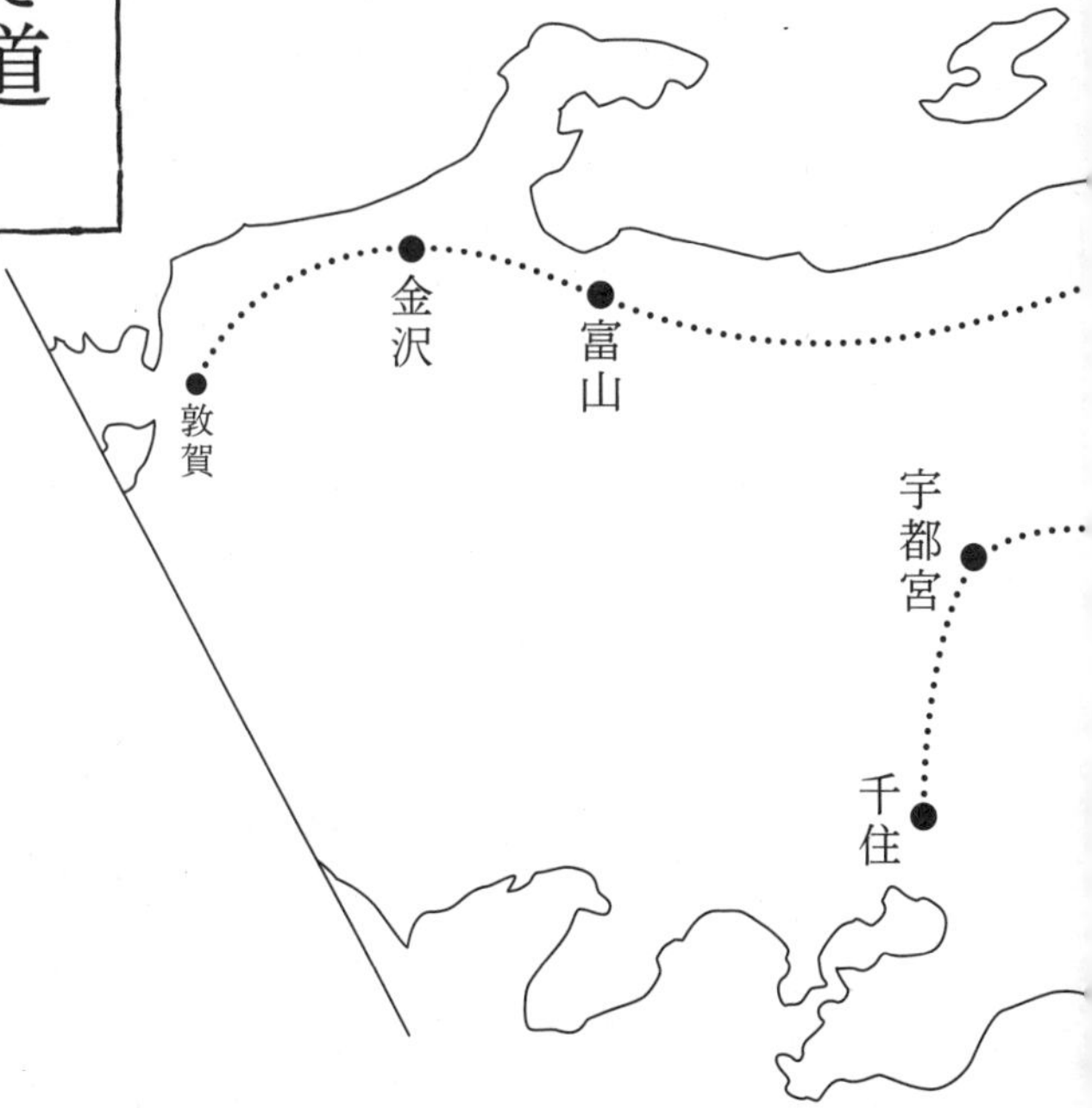

七星「亀次さんや、俳句上達の極意は何じゃのう」
亀次「七星さんや、それは吟行じゃのう」
七星「さればおくのほそ道を行脚しようかのう」
亀次「いいんでないかい」

……てなわけで

一　千住

月日は百代の過客にして訪ぬる居酒屋もまた旅なり
酔いどれ俳人みちのく居酒屋紀行旅立ち〜

元禄二年（一六八九）旧暦三月二十七日（陽暦五月十六日）。俳聖・芭蕉は門人・曾良を伴い、江戸深川より『おくのほそ道』の旅に出た。時に芭蕉四十六歳、曾良四十一歳。


「亀次さんや、おいらの俳句はどうして下手なんじゃのう」

「七星さんや、それは才能がないからじゃのう」

身もふたもなく答えた俳号＝亀次こと村松誠と、その答えにくさる俳号＝七星こと太田和彦は、およそ三十年も続く俳句結社・東京俳句倶楽部の同人同士。月に一度句会を開くこの結社は、年間総合優勝者にはその名も「芭蕉杯」を贈る。巧者亀次は受賞四度、しかして七星はゼロ。

「NHKでは、少し受けたがのう」

「おいらの添削がきいたからじゃのう」

しばらく前、NHK・BSの俳句番組『俳句王国』に出演した七星は、すでに出演三度の亀次に指導を仰ぎ、無難にしのいだ。

「ここはひとつ俳聖にならい、おくのほそ道を行脚《あんぎゃ》してみようかのう」

「いいんでないかい」

てなわけで千住を旅立った二人だが、これが先々居酒屋の淵に沈むことになるとは誰が知ろう。


まずは昼飯。所は吉原見返り柳。朝帰りの客が昨夜の遊女に後ろ髪ひかれ振り返る辻というが、二人が見返るのはしばらく離れる江戸の町。

時まさに五月、柳の緑葉が薫風に揺れる。と、その陰から現れる背高の女あり。見送りを頼んだ憶えはないのだが。

「オール讀物編集部の未穂でーす。編集長に旅先から文と絵を送れと言われてきましたー。W大学スポーツ科学科出身で脚には自信ありまーす。お昼は何にしますかー」

一気だ。気圧《けお》された二人はどぎまぎして答えられず「あ、あそこ」と指さした。

筋向かいは、創業明治二十二年の老舗天ぷら「土手の伊勢屋」。黒瓦の重々しい木造総二階には「天麩羅」の切り文字が金色に輝き、木戸の曇りガラスには海老の絵が透ける。昼時で少し待ってから奥へ。柱も腰板も三和土《たたき》も油がよく染みて貫禄の艶光りだ。天丼は、イ・一四〇〇円、ロ・一九〇〇円、ハ・二三〇〇円。

「おいら、ハ」

おいらは胸を張った。江戸前天ぷらともしばらくはおさらば、旅先で果てれば末期《まつご》の天ぷらだ。

「おいらは、ロ。……天丼ロハ」

天丼ロハですね、と店員も言った。ロハ（タダ）とはありがたい。

「ミホは？」

「そうね、昨日ワインのあとカラオケだったし……、かき揚げ丼にしておくわ」

ワインのあとカラオケか。

「それとビール」

では、道中の無事を祈って乾杯、ングングング。昼間のビールはうまい。ほどなく出てきたかき揚げ丼にミホの目は点になった。

でかい。丼の二倍以上の巨大かき揚げは、小顔にアフロヘアのごとしだ。ミホはそっ

日光街道
京成千住大橋St
隅田川
大黒湯
荒川
BANK
〈旧日光街道〉
槍かけだんご
ノミヨコ
マルイ
千住大橋
JR北千住St
至松戸
千住で2番 大はし
店主 煮こみの 花道
藤や
田中屋
ロ 店内 清潔・料理 皆旨し
・店主と 三代目
ホルモン煮こみ
キンミヤ焼酎
山形正宗
梅シロップ
景虎
鮎塩焼
カキフライ
やはり絶品!!
肉とうふ
カツオ・スズキ
青柳／鳥貝／平貝／タコ
さしみ盛り合わせ
塩辛
イ 大はし
ロ 田中屋
ハ 藤や
ニ 萠蔵
ホ バードコート
ヘ 徳多和良

とかき揚げを持ち上げ、下にご飯があるか確かめている。

続いて出てきた「天丼・ハ」は、丼をはみ出す穴子一本揚げ、大海老二本、海老かき揚げ、筍、シシトウに新生姜が胡麻油の香りを放ち、丼に何かを乗せる限界までうずたかいが、何ひるむものぞ。飯つぶ一つ残さず完食。言葉少なくなったミホは残したご飯を隠して蓋をした。

「あー食った、満足だ。どうせ東北は塩辛しかないし」

亀次が爪楊枝を投げ捨てる。ここは南千住。芭蕉は深川から舟で発ち、千住大橋でおりた。橋までぶらぶら歩こう。

江戸の遊女投げ込み寺・浄閑寺から常磐線ガードをくぐった円通寺は、三代将軍家光が放った鷹が止まったという「鷹見の松」や、幕末彰義隊の墓が歴史をしのばせる。高晴れの空には白い月が。

行く春や消え入りそうな昼の月　亀次

ウム、さすがは亀次。ようしおいらも。

天丼ハはちきれそうな俺の腹　七星

感想の返事もない。ミホが「ちょっと待って」とコンビニに走り、ペットボトルを買ってきて商品名を言った。

「ヘルニア？」

食べ過ぎたが脱腸にはなっていない。

「ちがいます、ヘルシア。胃《イ》の油を流してくれます」

ハの油は流さないのかいと亀次がつぶやく。〈脂肪を消費しやすくする〉とあるヘルシア緑茶を飲むとあら不思議、たちまち重い胃がすっきりした。

やがて入った素盞雄《すさのお》神社は銀杏《いちょう》の若葉美しく〈芭蕉矢立《やだて》初めの句碑〉が建つ。〈千寿といふ所より船をあがれば前途三千里のおもひ胸にふさがりて幻のちまたに離別のなみだをそそぐ〉とあって、

行くはるや鳥啼魚《とりなきうお》の目はなみだ

「春を惜しんで鳥や魚まで涙を流す」

「凡人にはない句境じゃて」

「月日は百代《はくたい》の過客《かかく》にして〜、行きかふ年もまた旅人なり〜」

　お、ミホは有名な書き出しをそらんじている。さすが文芸出版で知られる会社の才媛。音吐朗々、抑揚ひびく美声だ。

「憶えてるじゃない」

「俳句も勉強しろ、と編集長に言われました―」

　それはよい心がけだ。〈魚の目はなみだ〉はちと妙だが、芭蕉の経済的支援者で魚卸しをしていた高弟・杉山杉風《さんぷう》のことじゃと亀次の講義が続くほどに、前方に鉄骨ゆたかな千住大橋が見えてきた。

　千住大橋は文禄三年（一五九四）、旧日光街道を通すために架けた隅田川で最初の橋。現在の鉄橋は昭和二年（一九二七）の架橋で、隆々たるアーチ型の鉄組みは隅田川名橋のひとつだが、上り専用道の橋と大鉄管にはさまれて橋梁がよく見えないのが残念だ。中世より千住は奥州・日光・水戸の三街道要《かなめ》の地で陸奥への出発点。芭蕉はこの橋詰で舟を下り、ほそ道の第一歩を踏み出した。

　橋を渡ると北千住。足立鮮魚市場前に矢立と手帖を持つ芭蕉の石像が建っている。ここは元やっちゃ場（青果市場）で正岡子規、高浜虚子も訪れ、虚子は青物問屋主人・為成善太郎（俳号＝菖蒲園）を直弟子とし「やっちゃ場句会」と名付けた。〈千住出れば奥街道の青嵐　子規〉は無難な出来。〈やっちゃ場の主となりて晝寝かな　菖蒲園〉の緊張感のない句から察するに菖蒲園先生は気楽な身分じゃなと亀次師匠の講義が続く。近くの「千住宿歴史プチテラス」にも芭蕉句碑がある。

鮎の子のしら魚送る別哉

解説によると、おくのほそ道・矢立初めはこの句だったが、旅終了後五年の推敲で〈行くはる〉句に改められた。矢立初めは土地への挨拶句とするのが普通だが〈行くはる〉にそれはない。鮎の子は芭蕉の門人たちのこと（鮎は荒川から海に出て成長して戻る＝成長途上の江戸の門人の意）、しら魚は芭蕉のこと（白魚は深川に近い佃の名品だが小さな魚と卑下）として、おくのほそ道出立地・千住への挨拶句となっている。千住としては鮎と白魚の喩えうつくしいこちらを矢立初めに残して欲しかったという気持がのぞく。

「気持は理解できるな」

「居酒屋派としては、こちらをとる」

鮎も白魚も酒の肴には最高と言いたいようだ。

旧日光街道を抜けると広大な荒川土手になり、そろそろ喉が渇いてきたが、緑草にごろりと横になった。空は広く、川の遠くまで展望が広がりいい気持だ。「できたわ」ミホがつぶやいた。

春霞川の彼方はみちのくの旅　ミホ

ウム、句意はよい。用字を改め〈春かすみ川の彼方は陸《みち》の奥〉こうすると据わりがよいじゃろう。陸奥は陸の奥でみちのくと講釈したが聞いていない。直されるとそっぽを向くのは才媛にありがちだ。少し機嫌をとらなきゃ。「さあてビール前の風呂、風呂」千住は銭湯の宝庫だ。

「東北は温泉の宝庫、混浴もある」

「……いいわよ」

試されるとムキになるのも才媛の特徴だ。

銭湯評論家・町田忍氏が「キング・オブ・銭湯」という「大黒湯」は、唐破風《からはふ》の構えも壮大な宮造り。広々とした風呂場の高い天井の明るい青一色は空のイメージだろう。雄大な富士山ペンキ画を背に、川魚漁師だろうか、隆々たる両肌《もろはだ》入墨の老人がゆったり湯に浸かるのがまことに絵になった。

千住大橋たもとの居酒屋「田中屋」はおいらのなじみだ。立派な本建築にみごとな白木のカウンター。主人と奥さんと息子さん、三人の息がぴったり合った誠実な下町居酒屋だ。

「いらっしゃい」

白髪丸刈りの主人は生粋の千住っ子、渋い塩辛声が魅力だ。

「今日はきれいなお嬢さん連れて、何ですか？」

「これから、おくのほそ道としゃれて三人吟行旅です」

はぁ？　と相手にされない。ングングング……。本日二度目の乾杯もあらばこそ、風呂上がりの渇いた喉にビールが滝のごとく流れ落ちて行く。ミホの飲みっぷりもいい。

足立鮮魚市場まん前のこの店は仲買人も来るゆえ、目利きにかけて選んだ魚を、よくこの安い値で出すなと意地をみせる。ガラスケースのピカピカの時季の鮮魚から苦心の末選んだ、カツオ、スズキ、タコ、青柳、鳥貝、平貝の特大盛合わせは、将軍家献上もかくやの豪華さ。おいらがカツオをとれば亀次も、スズキをとればミホもと箸が飛び交い、譲り合い精神はないようだ。ケースには走りの小鮎がある。鮎の子の……。

「白魚ある？」

「あ、今日は入ってないんですよ」

千住の挨拶句のようにはゆかなかったが、蓼酢《たでず》の初鮎塩焼は夏の香りだ。

「わたし、カキフライ」

ミホがかわいい注文だ。揚物か、やはり若いのう。「目に青葉山ほとゝぎすカキフライ」ビールぐいぐいで亀次の句も冴えを欠いてきたが、一個もらったカキフライの軽く香り高い揚げ具合はすばらしい。通はこの店ではトンカツをとるほど揚物は先代伝統の味、添えられたポテトサラダがまた……。

夜の旧日光街道、千住は日光街道最初の宿場町。いまは宿場町通りとよぶ北千住商店街の「千住宿問屋場貫目改所跡」立札は伝馬の荷物を改めた場所という。少し行くと居酒屋ファンに知らぬ者のない「大はし」、その筋向かいが焼鳥の名店「バードコート」になる。ぶらぶら歩く三人はのん気なものだ。大はしのガラス戸を開けると本日も超満員だ。

「こんちは」

「太田先生いらっしゃい!!　ご注文は」

肩でリズムを取りながらせかせかと歩くのがここの主人の特徴。

「チューハイ」

「へい」

さっと戻り、たちまちガチャガチャとチューハイセットを運び置き、さっと去る。チューハイとは焼酎ハイボール。甲類焼酎金宮、炭酸ヤングホープ、テンバの梅エキス、レモン一切れに氷。下町酒場はこれで決まり。焼酎に炭酸を注ぐとシュワーと爽快に泡が立ち昇る。

ここ大はしは創業明治十年。文明開化の牛肉屋として開業し、食べ方を広めるため牛鍋を出した。戦後、居酒屋専門になり今の主人は四代目。五代目も店に立ち、歩き方ですぐわかる。

名物にうまいものあり北千住
　牛のにこみでわたる大橋

責め絵で知られる伊藤晴雨作の不滅のキャッチコピーが下がる。「これは俳句の基の連歌だな」亀次師匠がつぶやいた。上の句（五七五）と下の句（七七）を詠み継ぐ連歌の、上の句が独立して俳句となった。よし、名物牛煮こみの肉とうふをつまみながら連歌を巻こう。

みちのくに旅立つ宵の肉豆腐　七星
こころ急《せ》いても七味忘るな　亀次
金宮の焼酎の泡きりもなし　亀次
テンバエキスは色どり程度　七星
品書きのあゆすは一体何かしら　ミホ
頼んでみろよ金ならまだある　亀次

レベルは下がる一方だ。「あゆす」とは「鮎酢」。若鮎の酢〆で、姿作りの目がきょろりと色っぽい。「若鮎はミホのこと」「あらー、焼酎お注ぎします」「養殖でもいい、若鮎がほしい」会話もくだらなくなってきた。

うーい、よく飲んだ、連歌（あれでも）も詠んだ。「いいわねえ、旅のお酒。この企画成功だわ」とミホもご機嫌だ。ではもう一軒、近頃北千住で評判の立ち飲みに入ってみよう。

宿場町通りの一つ裏。立ち飲み「割烹くずし　徳多和良」は一坪ほどの店が立錐の余地もない満員で三人はちと無理だ。さて困った。「ここなんかどうかしら」ミホが指さすのはすぐ前の小さな居酒屋「藤や」。ふん、この店を選ぶようじゃ素人だなと思ったが、まあいい。居酒屋は失敗もまた経験だ。

戸を開けると土間に極小のL字カウンター、奥の座敷がそのまま台所につながる普通の家だ。まあこんなもんだろうと思ったが、カウンター角のステンレス台に嵌《は》まる大きな丸鉄鍋にほんわり湯気を上げる黒茶の汁に浮くのはモツのハチノスだ。ぷうんと漂う匂いは味噌のようだが、ごった煮のモツ煮こみとはちがい脂くささがなく、どこか洗練されている。ハチノス、スジ、ナンコツ、フワ（肺臓）、ハツモト（大動脈）、コンニャク、煮玉子などすべて短い竹串刺しだ。盛合わせをしばしつまみ、箸をくわえた亀次、手で口を隠すミホ、もぐもぐするおいら三人は、大きく開いた目をいっせいに見合わせた。

「うまい！」

「特にコンニャク」

そこでも三人の声が合う。しょっぱいがすっきり。わずかな苦味がキリリと利き、後を引く。

「コンニャクもうひとつ！」

「終わったよ」

「え〜、がっかりぃ」

ミホが心底がっかりした声を出した。作務衣の主人は白髪まじりの散切《ざんぎ》り頭に太い眉、鋭く大きな目、頬のひきしまった渋い侠客のような男前だ。店には亀の甲羅、唐獅子置物、大きな王将駒、大政小政と続く次郎長一家をぐるりと墨書した道中笠、田中角栄のブロンズ像、男女四十八手らしき絵盃などいろんなものが飾ってある。

「田中角栄の像はどうしたんですか？」

「警視庁の人からもらった」

はあ、そうですか。

「あのでかい茶碗は？」

一升瓶の下半分を切ったような大茶碗に極彩色浮世絵美女が描かれている。

「あれは頼んで作ってもらったんだ」

よく行く寿司屋で見て、欲しくてたまらなくなったそうだ。あれを欲しくてたまらないかなあ。静かに飲む一人客にすみません、騒がしくてと謝ると、いいえ、いいんですとおとなしい。ハンチング帽の似合う好漢で、ここの娘さんと同級生だったそうだ。「中学までは可愛かったなぁ」と遠くに目をやる。はは〜ん、♡かもな。おいらとミホが顔を見合わす。

「いらっしゃい」奥からおかみさんが現れた。福々しく大きな目に愛嬌があり、若い時はさぞかしモテたに違いない。「美人おかみ登場」亀次が呟くと「私は人前に出せる顔じゃないけど、娘は美人よー。モデルみたいってよく言われたけどほんとだね。この人昔、娘に惚れてたのよー、あはははははは」

陽気だ。陽気だがハンチング帽の人がうなだれて可哀想だ。

「あ、そう、もう子供もいるんだ」亀次は彼にすっかり好感をもったらしく酒を注ぎあっている。散切り頭の主人を見るミホの視線が熱い。おいらは子細に見入っていた（コラ）四十八手の絵盃を返し、おかみさんに質問だ。八丁味噌は二種のブレンド、コンニャクは人気だけど一日五本限定、無いと客がまた来てくれるのよーと笑う。裸の女河童が煮こみの串を持つ額の絵は、昨年亡くなった河童の画家・萩原楽一が開店三十五周年に描いてくれたもので腰つきが色っぽい。

いい店だったじゃないか、おいらの意見に、私明日も行きたいとミホが振り返る。渋い主人にひかれたか、コンニャク限定の計略にかかったか。ミホは店探しの才はあるかもしれぬ。ようし調子が出てきたぞ、いよいよ北千住居酒屋おくのほそ道突入！

北千住駅前から左に長く伸びる飲み屋横丁・通称「ノミヨコ」は、大衆酒場「千住の永見」「串カツ天七」「大升」「千両」「幸楽」「ふじもと」「くつろ木」「おばこ」「美佐子」などなどが延々と続き、さらに幾本もの小路に枝分かれして折れ曲がり、まさにおくのほそ道だ。

「え、らっしゃい」押し殺すような低い声で風俗店が客を引く。「ミホ、こっちに寄れ」「平気よ」酒で気が大きくなったのか胸を張り、スポーツ科学科出身の脚でさっそうと闊歩する。小路の角の店は外に美術展ポスターやちらしをベタベタ貼り、さらにパネルを立て掛け、アート系なら好みだが、玄関に立つ真っ赤なタイトスカートの老女が化粧濃く、ややあぶない感じもする。

くねくね曲がったどん詰まりの「萠蔵」は靴を脱いで上がる板張りだ。天然木のカウンター、荒土壁、古簞笥など、いま人気の古民家居酒屋のしっとりした雰囲気にカップルもいる。静かに流れるアイリッシュ音楽がいいムード。「ここいいわ、あの人と来ようかな」とミホが見回す。あの人って誰だ。でも北千住でデートとはしゃれている。

亀次は「神亀」純米のお燗、おいらは笹敷きの朱盃で「秋鹿」吟醸冷や、ミホはスダチの和風ジントニック。各人好みの酒で落ちついた。肴は生ホタルイカとチーズの味噌漬だ。亀次が声をかけた。

「ミホちゃん、俳句は面白い？」

「面白いです、勉強します、ひっく」

飲んでも殊勝な返事だ。店は鉢巻きの兄さんとお母さんの二人。ノミヨコ奥のこのあたりは最近センスのよい店がそろい、若い人が集まっているという。「角のアートポスター貼った店はどういう店？」尋ねると兄さんとお母さんが顔を見合わせた。入る客は少ないらしい。

萠蔵を出てモンダイのアートの店に入ろうとすると「やめなさいよー」とミホが上着を引っ張る。闊歩してもいざとなると尻込みするところは才媛型。オラ知らねぇとそっぽを向く亀次も外に残して一人で中に入った。古い壁紙にシャンデリアの洋室は秘密の館ムード。化粧濃い老女のほかに髪もじゃもじゃの芸術家風青年がいる。「中西夏之新作展」は期待大、「モダンガールズあらわる」は島根の石見美術館でやっていた、「森山大道展」は新作と回顧の二本立てでお徳用。おいらのまくしたてる美術談義に、もじゃもじゃ頭青年は同好の士現ると興奮気味に引き込まれ、二階から資料を持ってくる。――んで、出てきた。「どうでした?」「別に」「うあはっはっはっは」亀次が大笑し「もう一軒、バードコート!」と彼方を指さした。

一夜あけると爽やかな五月晴れ。南千住の商店街・ジョイフル三の輪にある古く立派な千本格子の蕎麦屋「砂場」は関東砂場系蕎麦屋の総本家。壁の子供のおさらい書額「つきみそう　一年　長岡由季」がいい。中学一年くらいかな。つるつるつる。細身色白のもりそばが二日酔いの腹に気持ちよくおさまってゆく。ひと晩五軒は多すぎた。亀次は熱い「かけそば」、ミホの冷たい「おろしそば」には海苔がたくさん載る。「海苔、二枚ちょうだい」亀次が箸を伸ばし、かけそばは「花巻そば」に変わった。

いよいよ江戸ともおさらば。旅立ちにうまいコーヒーを飲もう。三ノ輪駅を過ぎて泪《なみだ》橋を曲がった「珈琲屋バッハ」は、コーヒー飲みに日本一と言われる名店。バッハのチェンバロ曲が優雅に流れるなかを緑の制服の男女がきびきび働き、コーヒーは一杯ずつネルドリップで肩をゆっくり回して淹れる。亀次は「ブルーマウンテンNo.1」、ミホは「モカ・マタリNo.9」。おいらの「バッハブレンド」はすっきりした品のある苦味で、これほどうまいコーヒーは初めてだ。

今からたどる東北みちのくの旅。狐狸妖怪に出会うやも知れぬが、地酒地魚が楽しみだ。やがて亀次は愛用の俳句手帳に何やらさらさらとしたため、ミホは携帯電話のボタンを押し始めた。

夏浅《なつあさ》し珈琲《コーヒー》の香《か》に旅立《たびだ》ちぬ　七星

筆湿《ふでしめ》す矢立《やだて》の初夏《はじめなつ》きたる　亀次

二　宇都宮

俳句上達祈願して詣でる日光東照宮
なれど惑うは餃子にバー居酒屋のぞいて沈没す

曾良を伴い、おくのほそ道に踏み出した芭蕉は日光街道を北上した。

〈ことし元禄二とせにや、奥羽長途の行脚《あんぎや》只《ただ》かりそめに思ひたちて、呉天に白髪の恨《うらみ》を重ぬといへ共、耳にふれていまだめに見ぬさかひ、若《もし》生て帰らばと定なき頼《たのみ》の末をかけ、其日漸《やうやう》草加と云宿にたどり着にけり〉奥羽への長旅に白髪になろうとも、いまだ見ぬ歌枕を訪ね、生きて帰らばこの上の喜びはない——俳道欣求《ごんぐ》の強い決意がみなぎっている。

「あー、腹へった」

「お昼は餃子です」

のん気なせりふは亀次とミホだ。酔いどれ俳人七星・亀次、同行女編集者ミホは俳聖芭蕉に学ばんと千住を出発したが、草加も大宮もすっ飛ばして宇都宮へ。亀次の手にはすでに缶ビールもある。

「うつのみやー、うつのみやー」

まずはＪＲ宇都宮駅東口にあるという餃子像を見に行こう。

東口は大規模な工事中で、整地された原っぱが殺風景だ。こんな所に本当にあるのかなあとぶらぶら行くと、あった。

背中が餃子のヒダヒダになった女の子だが目鼻はなくぶよぶよしている。倒れた説明板がひもで工事柵に縛ってある。〈餃子像　ギョーザの街・宇都宮のシンボルとして餃子の皮に包まれたビーナスを地元の大谷石で作りました〉気泡の多い大谷石のあばた肌がもの悲しい。

「鮫肌ビーナスだな……鮫子像《さめこ》」

「名は宇都宮鮫子《うつのみやさめこ》」

「さめいこう（さあいこう）」

三人は力なくその場を離れた。

宇都宮の餃子オフィシャルマップには三十七の店がのる。才媛ミホは評判店をすでに調べてきていた。

「一軒目は宇都宮みんみん本店です」

二軒行くらしい。「宇都宮みんみん本店」は赤い暖簾にアルミの戸、赤いカウンターとテーブル、白衣のおじさんおばさんが働く学生街の餃子屋のような店。焼餃子《シャオチャオズ》、揚餃《ヤンチャ》子《オズ》、水餃子《シュイチャオズ》を一皿ずつとった。具はみな同じでどれも一皿六個・二二〇円。

オツカレー、ングングングとビールもあらばこそすぐさま餃子へ。焼餃子は焼油の焦げ香よく、揚餃子はパリッとした堅い皮、水餃子はツルリと滑らか。羽根（焼け焦げた耳）のある焼餃子がジューシーな具との対比でいちばんおいしい。

「二軒目は正嗣《まさし》です」

すぐ近くの夫婦二人のカウンター店。焼餃子と水餃子のみでライスもビールもない。

「両方二皿ずつ」注文も簡単だ。職人肌を感じる主人は丸い鉄鍋に餃子を並べて焼き、ジュンと湯を差し、素早く蓋をしてしばし腕組み。やがて蓋を上げると、もわんと湯気が上がった。こちらは一皿六個・二一〇円。焼きにはラー油、水には酢が合う。宇都宮餃子はみんみん派と正嗣派にファンが分かれるという。「焼きはみんみん、水は正嗣」と我々の意見は一致した。

近くのビル地下の観光スペース「宇都宮餃子来らっせ」に解説があった。昭和二十八年、引揚げ者・石井フクが大銀杏《いちょう》の下で餃子屋台を始めたのが宇都宮餃子の草分けで、昭和三十三年に「宇都宮みんみん」、昭和四十年に「正嗣」が開店した。市の調べで宇

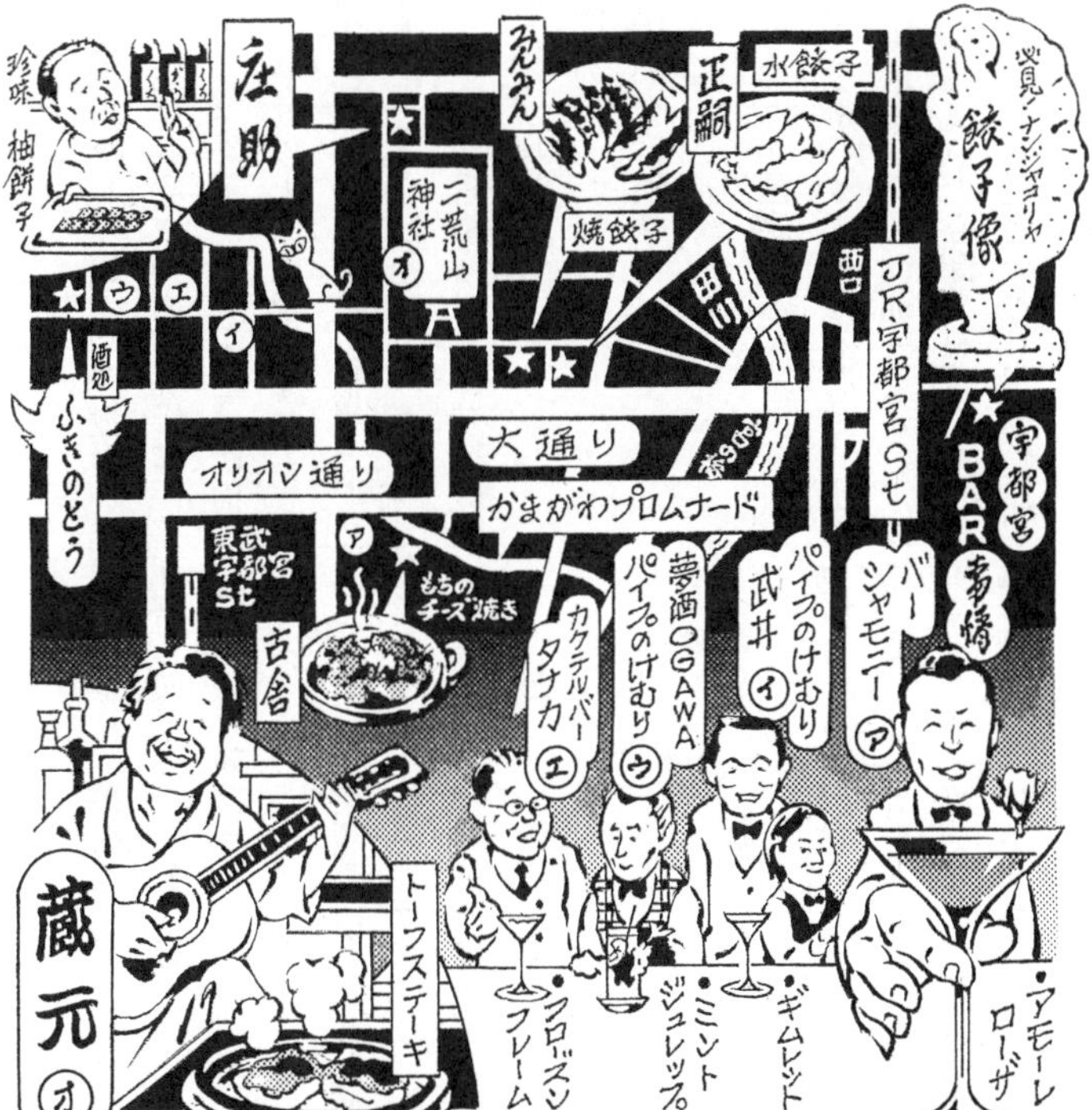
珍味 柚餅子
庄助
みんみん
正嗣
水餃子
ナンジャコリャ 餃子像
二荒山神社
焼餃子
田川
西口
JR宇都宮St
宇都宮 BAR 事情
酒処 ふきのとう
大通り
オリオン通り
かまがわプロムナード
東武宇都宮St
もちのチーズ焼き
古舎
パイプのけむり 武井
バー シャモニー
夢酒OGAWA パイプのけむり
カクテルバー タナカ
蔵元
トーフステーキ
・フローズンフレーム
・ミントジュレップ
・ギムレット
・アモーレ ローザ

都宮は一世帯当たりの餃子消費量が日本一とわかり、平成五年、テレビ東京の番組『おまかせ！　山田商会』の山田邦子に「宇都宮を餃子の街にしてほしい」と依頼して宇都宮餃子プロジェクトがスタート。駅前には餃子像が設置された。

「ふーん」それ以上の感想はない。

城下町宇都宮は日光街道の宿場として栄えた。日光東照宮に参詣した徳川二代将軍秀忠を亡き者にしようと企てたのが講談で有名な「宇都宮釣り天井」だ。中心の馬場通り交差点から下野国《しもつけのくに》総鎮守二荒山《ふたあらやま》神社の長い石段を登ると、彼方に赤城山を遠望する。

「あの向こうが奥州かのう」

「まだ遠いのう」

「赤城の山も今宵限り」

「親分、お達者で」

俳人はいつしか国定忠次に。

道中安全祈願のかしわ手を打ち、脇の石段を下ると蕪村の句碑があった。

寛永二十一年（一六四四）生まれの芭蕉に遅れること七十二年、享保元年（一七一六）大坂に生まれた与謝蕪村は、江戸に出て日本橋に寓居した。蕪村は芭蕉回帰を唱えて江戸俳諧中興の祖といわれ、芭蕉派、蕪村派とファンが分かれる。

「芭蕉はみんみん、蕪村は正嗣」
「芭蕉は焼餃子、蕪村は水餃子」
餃子に喩《たと》えないでください、とミホがあきれる。芭蕉に憧れた蕪村は東北に旅立ち、寛保三年（一七四三）宇都宮を訪ねたおり、俳号を「宰鳥」から「蕪村」にあらため、この二荒山神社で新年夜明けの鶏鳴に俳諧師として第一声をあげる喜びを詠んだ。

　鶏は羽にはつねをうつの宮柱　蕪村

自らの「初音」と、「うつ」「宮柱」に「宇都宮」を詠み入れた華麗な新年句だ。句碑に到る石段は青、白、紫など満開の紫陽花《あじさい》が手毬のように美しい。

　紫陽花の石段下り蕪村句碑　七星

　紫陽花に残るきのふの雨の色　亀次

餃子の臭いも消えて俳心がもどったか。

宿のホテルは広々と気持よい。草鞋《わらじ》を脱ぎ、しばしぐっすり眠って夕方となった。

さあて居酒屋だ。まあ、ついてきなさいと連れたのは二荒山神社裏手の「庄助」。玄関両側には篠竹を植え込み、大甕《おおがめ》に活けた盛大な色とりどりの百合が打ち水に映える。昭和二十五年開店の古い居酒屋で今の主人は二代目。年季の入った板張り、舟天井の店内は四方から風が入り、店内あちこちの花の香を運ぶようだ。カウンター席の足乗せは踏み心地の柔らかな地産大谷石。

「どうもお久しぶりです」

いがぐり頭に口ひげ、細い目が正直そうな白Tシャツの主人が懐かしい。「オツカレー」本日二度目の乾杯。お通しの小鯵南蛮漬はできたてで温かく、煮えばなの湯気を上げる破竹《はちく》（細い筍）に山盛りの削り節がわらわらと身もだえしている。玉コンニャク、新じゃがなど煮物のおいしさに三人とも言葉を忘れ箸の往復。葉生姜《しょうが》、トマト、空豆、胡瓜《きゅうり》浅漬、赤身馬刺に、真打ちは宇都宮餃子の味をつくるという栃木名産のニラのお浸しで、醤油に酢を少しきかせてじつにうまい。

「柚餅子《ゆべし》は？」

「今年はあと二個で終わりです」

毎年十一月ごろ柚子の中をくりぬき、味噌と鰹節を練って詰めた柚子釜を紐で巻いて竿に干し、ひと月ほどして黒く堅くなったのを極薄にスライスする。今年はよく出て、二百個作ったがもう足りないそうだ。店の竹竿には確かにあと二つぶら下がるだけだ。

「こりゃあうまい！　もうなんにもいらない」

亀次が脚を組み替え相好を崩すとおり、柚子香の干し味噌は酒飲み泣かせだ。品書きには書かず、客の帰りそうな頃すこし出すと「酒、もう一本」となるそうだ。

「酒、もう一本」

亀次が計略にひっかかる。二年ものですと切ってくれたのは石炭のように黒光りして苦味が加わり絶品だ。

「これはシングルモルトが合うわ、ラフロイグかボウモアね」

某ナントカは知らないが、ミホも感心することしきりだ。六時をまわり予約客で混んできた。

大通りは県名どおり栃の木の並木が大きな葉をぎっしりと繁らせる。宇都宮には派手な繁華街はなく、古い飲み屋街は泉町だ。「ふきのとう」というこぎれいな店の暖簾をくぐった。

「酒、四季桜、ある?」

「はい」

ご夫婦二人の店だ。四季桜は明治四年創業の宇都宮の地酒。酒の名は蔵元が詠んだ句〈月雪の友は他になし四季桜〉による。

七星「どうだい、この句」

亀次「雪月花だな」

ミホ「この場合季語は何でしょう?」

七星「ん、桜かな」

亀次「秋の月、冬の雪にこの酒が春を添えるのじゃ」

妙齢女性にオヤジ二人の俳句談義をご夫婦は無言で見守る。手製の新生姜あっさりタマリ漬がおいしい。亀次注文の「イカげそホイル焼」はワタがきいていい匂いだ。

「ご主人は宇都宮の方?」

「いや、北海道。宇都宮の方が長くなりましたが」

だろうな、イカのワタ焼なら北海道だ。料理から出身を探るのがおいらの取材法。

「栃木の県民性はどんなですか?」

ストレートに聞くのがジャーナリスト。ミホは取材魂が出たらしい。栃木県人は県外に出たがらなく、転勤を命ぜられると会社を辞める。足利学校の足利は文化があるが、宇都宮に見る所はない。泉町はバブル期は人がすれ違えないほどの混雑だったが足利銀行の経営破綻もあり、今は猫の方が多いだろう。ミホはメモに「猫の方が多い」と書いたか。

「女性はいかがですか、隣の群馬はかかあ天下と言われますが」

奥さんに水を向けると「私はそんなこと……」とご主人の顔をうかがい、にやにやされる。

栃木名物は折ると乳のような白い液が出るキノコ・乳茸で、松茸よりも値が張るけれど他県では見向きもされない。福島あたりまで車で採りに行くが、山を荒らすと栃木ナンバーは嫌われるそうだ。

「秋、ノウゼンカズラの橙《だい》色《だい》の花が咲くと、山に乳茸が出るんです」

奥さんは美しい言葉で語った。

外はようやく暗くなった。

〽七色の虹が消えてしまったの

　シャボン玉のようなあたしの涙……

有線放送から黒沢明とロス・プリモスの『ラブユー東京』がひっそりと聞こえ流浪の

ムードがわく。地方の夜の町で聞く歌謡曲は最高だ。人より多いという猫も夜の徘徊を始めた。

「さあて、次はバーだ」

おいらは力強く言った。宇都宮は日本一のバーの町。女子供は餃子、男はバー。

雑誌『文藝春秋』二〇〇七年九月号のグラビア特集で「日本の名バー」を頼まれた私は、大阪「吉田バー」、沼津「ビクトリー」、松江「山小舎」、長崎「ランプライター」そして宇都宮「シャモニー」を推薦。すべての撮影に立ち会うと申し出たが「来なくていいです」と言われ大阪だけ顔を出した。担当の酒豪女性編集者は酔いつぶれてカウンターに突っ伏し、私はおんぶしてタクシーに乗せた。バーの方が「カウンターで寝た女性は初めてです」と言っていたと彼女に伝えるとお詫びの手紙を書いたとか。さてシャモニーへ。

「いらっしゃいませ、文春ではありがとうございました」

「お世話になりました、社の者です」とミホが名刺を出す。帰りはおんぶじゃないだろうな。

シャモニーは昭和四十五年創業。ゆったりと高い天井、太い柱の雄大なバックバー、艶のあるロングカウンターに黒革張りの椅子の、一流ホテルメインバーにひけをとらない堂々たるバーだ。低く聞こえるオペラのアリアが雰囲気を高める。マスターバーテンダー永岡正光さんの名は全国にとどろき、週末は東京から若いバーテンダーが手さばきを見に訪ねてくるそうだ。さて。

「ジントニック」（七星）

「アモーレローザ」（ミホ）

「マッカラン'62」（亀次）

ゴードンジンにアンゴラチェスビターをきかせたジントニックは落ちついた重みがある。大会優勝のオリジナルカクテル「アモーレローザ」のシェイクはスピードのある軽機関銃型。六二年こそウイスキーマッカランの最高峰、値段は高いぞ。奥のカップルは男は「モヒート」、女はシャンパンのカクテルだ。

「あのカクテルの果物は何？」

「マンゴーです」

桃を使う「ベリーニ」の変形だ。小声のつもりが聞こえたようで、その女性ににっこりされてしまった。宇都宮のカップルはバー慣れしているなー。

宇都宮は今三十店余りある本格バーがどこも賑わっているそうで、立派なものだ。世界大会や日本大会のカクテルコンテスト優勝者が宇都宮にはぞろぞろいて、銀座に進出し活躍している人もいる。隆盛のはじまりとなったのがバー「パイプのけむり」で、その名を冠するバーは三軒ある。ではバーフライとゆこう。近所ばかりを「夢酒《ムッシュ》OGAWAパイプのけむり」↓「カクテルバー タナカ」↓「パイプのけむり武井」と回り、力尽きた。

「ぐふ、もうバーはいい」

「わたしも……」

バー四軒はしごはきつく、市内を流れる釜川ほとりのベンチに座り込んだ。小川の曲線に沿う石畳プロムナードのヨーロッパ風鉄柵、ガス灯型ランプはカップルに格好の場所だ。「あ、あの店だ」へなーとなっていたミホが前を指さし声を上げた。

宇都宮出身の女友達に教わったという「古舎」はアメリカ南部調カントリーハウスで、さっきまでの重厚なクラシックバーとはちがう素朴なくつろぎがある。

「ジム・ビームのソーダ割」（七星）

「バドワイザー」（亀次）

「コロナ・エクストラ」（ミホ）

静かに流れる粘っこいブルースが疲れた体に沁みてゆく。小腹が空いて頼んだ「餅のモッツァレラチーズ焼」は餅もチーズもよく伸びておいしい。「餃子より餅、宇都宮餅《うつのみやもち》子《こ》」亀次がひとりごちる。

ミホの友達のしのちゃんはここで四年バイトした後、代官山のカフェでやとわれ店長をし、今は銀座のワインバーにいるそうだ。ラブユー東京、銀座はどうなっておるんかのう。聞こえてきたのはボブ・ディランの『ライク・ア・ローリング・ストーン』。目を閉じ、肩を揺らして聞く久しぶりのディランに、しばし旅先を忘れた。

「お、あったあった」もう帰ろうやとぶらぶら歩く裏通りでこんどはおいらが叫んだ。昔入った居酒屋「蔵元」をなんとなく探していたが、ここだったか。

「マスター、オレだよオレ！」

「オ、太田さん！」

白衣に口ひげ、細い目の福顔のマスターとおいらは抱き合った。もう客はなく閉めようと思っていたらしいが「やるやる」とビールやお通しを支度する。よしそれなら「トーフステーキ」といこう。

六十二歳のマスター斉藤暢玨《のりひこ》さんは、犬の散歩で通る市内を流れる田川の汚れを見かね、毎日曜の朝から晩まで川のゴミ拾いを独力で二十年も続けている。平成八年には店の常連や有志と、川を愛そうと河川敷で川面コンサートを開き、新聞記事にもなった。次第に子供たちも手伝うようになり、「きれいな田川」をアピールして県河川愛護連合会から表彰された立派な人だ。しかしそれだけではない。

「マスター、これは？」

ギターを弾く格好をするとマスターの目尻はさらに下がった。斉藤さんは二十年前この店を持ったとき、昔から憧れていたギターを今やらないと後悔すると、清水の舞台から飛び降りるつもりで一五〇万円のギターを買った。四十の手習いは、仕事と寝る時以外の猛練習で一時は腱鞘炎に。前に来たとき聞かせてもらった『アルハンブラの想い出』は私をふかく感動させた。

「こんど太田さんが来たら聞いてもらおうと練習した曲があるんです」

料理を出し終えると客椅子に腰をおろして足台を置き、チューニングして、演奏が始まった。『城ケ島の雨』だ。「すみません、もう一回最初から」。気持が入らなかったのか止め、一呼吸入れて再び。こんどは滑らかだ。しだいに演奏に気が入って行くのがわかる。聞き入る三人。ツーコーラスめに入ると歌がついた。「雨はふるふる城ケ島の磯に……」指は自然に動き、目を閉じた顔が揺れ、気持が高まる。「唄は船頭さんの……心意気」最後の一節は大きく声を張り、ジャン！　と力強い音で終わった。

「ブラボー、ブラボー！」三人の拍手は止まらない。なんていいんだろう。おいらの目にはうっすら涙が。感動した亀次がもう一曲と『アルハンブラの想い出』を頼んだ。フランシスコ・タルレガ作曲のギターの名曲中の名曲。斉藤さんは「自分がこれを弾けるようになるとは夢のようです」ともらしていた。

リリリリリリー……。微小なトレモロがけだるいスペインの午後の哀愁を紡ぎ出す。以前より格段に自信に満ち、曲の世界が目に見えるようだ。入神の演奏に我々の心は宇都宮からアンダルシア、アルハンブラ宮殿に飛んでいった。

「うー眠い」朝九時半、ホテルロビーに亀次は遅れた。

「昨日はなんだっけ」

「ラブユー東京、オペラアリア、ボブ・ディラン、アルハンブラの想い出です」

俳句はどうなったんですか、とミホは言いたげだ。「餃子に居酒屋にバーにスナックに、また居酒屋」反省のつもりで一人言を言ってみせるが「一軒ずつではなかったですね」ときつい。「今から日光東照宮に師の句碑を訪ねます」。師って誰だっけ、と言ったら殴られるー。

カタコトカタコト……。JR日光線は北関東の平野を軽快に進む。車内には外国人観光客も多い。梢高い日光街道杉並木がつかず離れず並走し、小一時間で着いたクラシックな日光駅舎が青空に映える。タクシーで参道を上まで行った。

中禅寺湖から流れ出る大谷川の深い渓谷にかかる朱色の木造橋「神橋」が、したたる緑に鮮やかだ。これを渡ると日光山神域に入る。橋のたもとに句碑があった。

二荒《ふたあら》や紅葉の中の朱《あけ》の橋　　蕪村

二荒は日光二荒《ふたら》山《さん》神社本社のことで秋に訪れたのだろう。今は青紅葉だ。

荒岩と青葉を渡す神の橋　　七星

碑《いしぶみ》の裏よりひょいと夏の蝶　亀次

おいらのは蕪村のもじりだが、亀次のは蕪村の近代的な軽みを用いてさすが。そういえば蕪村ばかりでちっとも芭蕉師が現れない。

東照宮は徳川二代将軍秀忠、三代家光が造営した家康の霊廟で世界遺産だ。規模は非常に大きく、全山を包む深い森に表門、陽明門、本社、奥宮と続いて行く。山の参道を歩くと杉の巨樹の木漏れ日の光が、まことに貴く感じられる。

〈卯月朔日《ついたち》、御山に詣拝す。往昔此御山《そのかみ》を「二荒山」と書しを、空海大師（正しくは勝道上人）開基の時「日光」と改給ふ。千歳《せんざい》未来をさとり給ふにや、今此御光《みひかり》一天にかゝやきて……〉

険しい地名二荒山を、彼岸を感じる日光に改めた功績は千年生きると、芭蕉は文人らしく記す。千年を待たず「東照宮陽明門」には「照、明」と光を表す文字が入り、金箔を盛大に使った建物も光の具現であろう。日光とは文字通り「光」だ。やがて宝物館の庭に芭蕉句碑があった。

あらたふと青葉若葉の日の光

「あらたふと」は「あら、貴し」。初夏の陽光洩れる道を登り来ると句を実感し、単純な讃仰は崇敬の念と知る。

「それが芭蕉句の大きさじゃな」

「技巧ではできん」

陽明門前の三猿《さんざる》「見ざる聞かざる言わざる」で有名な神厩舎から、折よく真っ白な神馬「光波号」が轡《くつわ》をとられて出てきた。思わぬ眼福に手を合わす人もいる。本社脇の名高い「眠り猫」を見て奥宮に向かうと、それまでの白黒金を基調に様々な彫刻を配した豪華で娯楽性豊かな雰囲気から一変し、林間に敷石道のみが細く続く霊気漂う重々しい空気に変わった。長い上り石段が続き俗界が遠くなる。大霊廟の最後の最後はどうなっているのだろう。やがて到った神柩《しんきゅう》は方形の玉垣に囲まれ、青銅の獅子、亀、鶴が守る唐金《からかね》（金銀銅の合金）の宝塔であった。

下山して神橋たもとの古く立派な造りの日光食堂に入り、名物「湯波そば」をたぐった。最近までやっていた支店の蕎麦処、その名も「芭蕉庵」の看板が飾ってある。おりしも夕立が走り去る。

参拝を終え、二日酔いも消えた。参道両側には湯波、練羊羹、たまり漬、日光饅頭などの土産物屋が並び、走り雨に濡れた下り坂の先には、抜けるような青空を背に夏の入道雲が隆々とわき起こる。あの先が奥州だ。

「ミホ、だいじょうぶか」

「脚には自信ありまーす」

「一句、できなかったな」

「勉強しまーす」

笑う三人の足取りは軽い。

夕立《ゆうだち》の走《はし》りて光《ひか》る湯波《ゆば》の蕎麦《そば》　七星

御霊屋《おたまや》に猫《ねこ》を眠《ねむ》らす若葉《わかば》かな　亀次

三　会津

遊行柳は風に揺れほろ酔い筆は手に揺れる
朝寝朝酒朝湯の町でついに出会ったその人は

青々とした水田を渡る風が汗ばんだ首に気持ちよい。田を左右に分けて伸びるほそ道の先に、枝垂《しだ》れ緑を風にまかせる古木が遊行柳《ゆぎようやなぎ》だ。

「これはいい眺めだ」

脚を広げて腕を組み、うーむと唸るのは俳人亀次。「まことに」とうなずくのは同七星。「だから、今出張中と言っといて！」と携帯電話に語気きついのは同行編集者のミホ。おくのほそ道をたどるべく江戸を出立した三人は、那須芦野の里にやってきた。

先人の歌詠み地を訪ねる芭蕉は、西行が〈道のべに清水流るる柳陰しばしとてこそ立ち止まりつれ〉と詠んだ遊行柳を大切な目的にしていた。柳の大樹は水に浮く小島のようだ。

「おお、清水もある」

苔むした玉垣の脇をさらさらと清水が流れ、蛙も泳ぐ。遊行柳の解説もある。〈昔、此地で遊行上人使用の杖が根付いて柳となった。星移りて文明三年（一四七一）、時宗十九代尊皓《そんこく》上人遊行のとき柳の精が老翁の姿で現れ、上人の念仏で成仏した。以来遊行柳と呼ばれ謡曲になり、芭蕉も訪れた〉

「遊行って何？」

よしよしと亀次がとり出したのは電子辞書。俳人はつねに俳句手帖とこれを持ち歩く。

「なになに〈遊行＝僧が修行・説話のため諸国を巡り歩くこと。行脚、雲水〉なるほどな。〈遊行上人は時宗総本山遊行寺の歴代住職、とくに門祖・一遍上人を言う〉か。むははは、これなんか七星さん向けだね。〈遊行上戸＝酔えば外をさ迷って歩く癖のある酒飲み〉」

「いらんわ」

体裁が悪いと大阪弁になる。

柳陰に自然石の芭蕉句碑が青田を背に建つ。

田一枚植えて立ち去る柳かな

各解説書には〈西行をしのび柳陰にたたずむ芭蕉は、一枚の田を植えて去る早乙女を見て感慨にふけったことだ〉とあるが早乙女たる出典根拠はなく、解説者の願望のようだ。彼方には四十年ほど前の早乙女が田の草取りに専念している。

脇に立つ小さな投句箱に〈毎月五句を選句し、投句者に粗品を贈り、句は絵馬にて遊行庵内に展示させていただきます〉とある。これは俳人として投句せねばならぬ。むにゃむにゃ……。

雲水の衣吹かるる柳かな　亀次

校庭に人影消えて夏盛り　七星

昼休み青田を泳ぐ白い蝶　ミホ

芭蕉風、俳句甲子園風、山本リンダ風。それぞれ用紙に住所氏名を書いて投句。さて誰かに粗品は来るか。

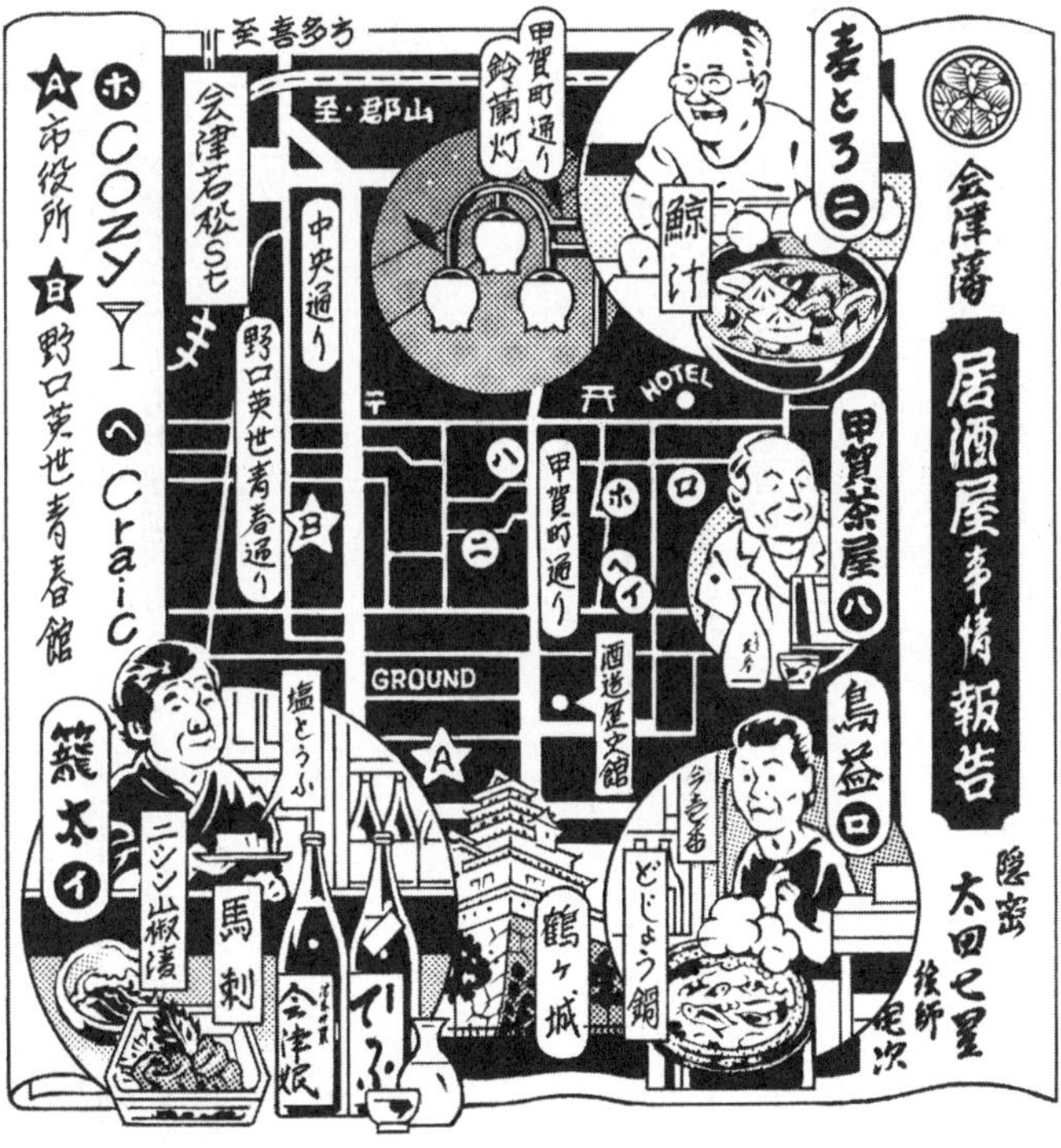
至喜多方
至・郡山
会津若松St
甲賀町通り 鈴蘭灯
中央通り
野口英世青春通り
甲賀町通り
HOTEL
GROUND
酒造歴史館
麦とろ ニ
鯨汁
会津藩
居酒屋事情報告
甲賀茶屋 ハ
鳥益 ロ
どじょう鍋
鶴ヶ城
塩とうふ
ニシン山椒漬
馬刺
会津娘
てふ
籠太 イ
Ⓐ市役所 Ⓑ野口英世青春館
ホ COZY
へ Craic
隠密 太田七星
絵師 宅次

柳に並ぶ石鳥居からさらに道は伸び、小さいながら古社然とした上の宮神社に通じる。社殿縁側に『NHK俳句4月号別冊付録・俳句手帖』が雨ざらしが乾いて置き忘られている。いささか迷って開いたが名も住所もない。日付け入りで鉛筆書きの句が並び、最後は七月八日。

青田なる波風わたる柳かな　絹子

絹子さん、手帖お預かりしてます。

「あー、腹へった」

つねに出るこの言葉。向こうに見える「遊行庵」へあぜ道を歩いた。

ずるずるずる。冷たいとろろそばがうまい。店はガラス張りで明るく、真夏の空に立ち上がる入道雲の下、一望に広がる青田の農道を麦わら帽子の爺さんが鎌を腰にのんびりと自転車で行く。ラジオから聞こえるのは『ひるのいこい』。「農事通信員○○さんからのお便りです。庭の木槿《むくげ》が今年も白い花を……」

「おいら眠い」深夜まで絵筆を握る亀次画伯は椅子からずり落ちそうだ。ぶらりと一人、外に出てみた。隣の「お休み処　遊行庵」にあるポスター「第五十回『奥の細道』

羽黒山全国俳句大会」の記念シンポジウム「奥の細道と芭蕉」は、金子兜太・黒田杏子・茨木和生・西村和子・司会小澤實の豪華メンバー。五十回も続くとは、俳句も奥の細道も今や国民文学といえよう。蕎麦屋もお休み処も、遊行柳を訪ねる俳句愛好者のために地元主婦の皆さんが交替で詰めているようで、合間はのんびり茶飲み話だ。

掲示板展示の投稿句短冊は地元外作者も多く、読んでいると亀次、ミホも来た。では各自選句といこう。句会では創作のほかに作を互選し、秀句を選ぶのも宗匠の大切な仕事だ。

亀次選　萬緑の真中に遊行柳かな

七星選　朽ち柳蛙と歌う風の歌

ミホ選　散る桜おくれし人の柳見る

江戸俳諧本格派、一茶童心派、心情詠嘆派に好みは分かれた。

那須に宿はなく、一行は会津若松に草鞋《わらじ》を脱ぐことにした。駅前には、燃え上がる鶴ヶ城を飯盛山から見る、刀折れ矢尽きた若き白虎隊士の像が建つ。幕末戊辰戦争に敗れ城を明け渡した会津藩士は、今もその士魂を烈々と胸に抱くという。「酔って話に深入りするな」互いに気を引き締めた。

夜に予約した「籠太《かごた》」は、打ち水玄関の置行灯が夕暮れの風情を醸し出す。履物を脱いで邸内へ。

「こんちは」

「いらっしゃい」

すでに箸が三膳並ぶ。迎える主人の鈴木さんは、東京の大学を出て京都で料理修業。会津の老舗料亭「福萬」を継いだが、客の顔が見えないのは面白くないと、並行して近所に居酒屋「籠太」を開店。自らコの字カウンター真ん中に陣取った。おいらが初めて入ったのはその頃で、後に「居酒屋の入り方が違う。ただの人ではないと思いました」と言われた。

その後「その店はさんざん楽しんで」人にゆずり、本格的に料亭に戻って名も「籠太」に改め新装開店したが、やはりカウンターを作り、そこに立つ。一階二階の座敷広間はたいへん立派で、靴下を脱いだ裸足に木の床がひんやりと気持ちよい。ミホが質問する。

「ただの人ではない、とはどういうことですか？」

「隙がない。初めてなのに私の正面に座り、品書きをにらんでなかなか注文せず、頼んだのは飛露喜《ひろき》だった」

だっけなー。「とりあえずビール」と言った気もするが。

「とりあえずビール」

亀次が注文して我々も賛同した。ングングングング、プハー。うまいのう。

飛露喜を飲んだのは覚えている。隣の会津坂下町・廣木酒造の新製品でしなやかで重厚な味に感心した。今はたいへんな人気ブランドだ。兄貴分的なところがある鈴木さんは野菜や酒の地産地消を唱え、応援した飛露喜の成功で、「天明」（会津坂下）、「奈良萬」（喜多方）など今このあたりの酒はすばらしい。今日の「会津娘」純米吟醸（会津若松）は持ち前の清らかな味わいに艶がでてきたようだ。

「娘もいい女になった、嫁入りだな」

独身ミホがフンという顔をする。鈴木さんおすすめの、塩をぱらりと振った「塩とうふ」がみずみずしくおいしい。この豆腐に物語ありで、東京の先端企業で働いていた夫婦がすれ違い生活で離婚。傷心の夫は喜多方の山奥で豆腐屋を始め、妻にもう一度やりなおそうと声をかけた。二人の作る、無農薬国産大豆を茹でずに絞る「生しぼり」の豆腐を食べた鈴木さんは会いに行き、購入を申し込んだが大量には作れないと断られ、それならと、毎週二回車で片道四十分かけてあるだけの豆腐を買いに行くようになった。「豆腐だけのためにこんなに時間をかけていていいのか」と我ながらあきれたが、今は週一回は配達、一回は取りに、となったそうだ。

「豆腐屋で夫婦の出直しとは人情噺」

落語に詳しい亀次が顔をほころばす。

「ミホちゃん、マスコミに疲れたら豆腐屋の女房はどうだい、山本一力先生の小説みたいに」

「そうねえ、それよりパティシエがいいわ」

「パンティシエ？」

話は気まずく途切れ、それぞれ手酌する。これをぜひ食べてくださいと、黒々と棘の濡れる大きな殻ウニが出た。福島浜通りの松川でほんの一時期だけ採れるウニで、今がいちばんいい。「甘〜い」ミホが甘い声を出す。それではと替えた酒「萬代芳《ばんだいほう》」（会津美里町）の「風が吹く」は文字通り風のような爽やかさ。新鮮きわまりない殻ウニにぴったりだ。

しかし山里会津にはやはり地の逸品がある。代表が、身欠きニシンを山にいくらでもある木の芽山椒と漬けた「にしんの山椒漬」で、籠太製はニシンの銀肌と身の赤の対比が美しい。藩政時代、木の芽の季節には新潟から若い娘が潮汲みの格好で天秤棒にニシンを担いで売りに来て、若侍が胸をときめかした。

「ミホちゃん、赤い蹴出しが似合うよ」

ミホはまんざらでもなさそうだ。

「こんど描かせてくれない？」

「いいわよ」

いずれ挿絵に登場するやもしれぬ。次の酒「国権」（南会津町）の「てふ（蝶）」はデリシャスで豪華。「白い蝶」を俳句に詠んだミホは気に入ったらしくうっとりしている。これには会津坂下の日本一の馬刺がいいだろう。赤身を特製のニンニク味噌で食べるのが会津流だ。

「こりゃあうまい」

「馬刺って、こんなに……」

二人とも声にならないようだった。

会津若松は黒塗りの蔵が並ぶ「野口英世青春通り」やレトロな大正西洋建築の多い「七日町通り」などが観光通り。今いる「甲賀町通り」は昔ながらの飲み屋街で、暗い夜の道にぼんやりと明るい鈴蘭灯が三輪ずつ続く。全国で鈴蘭灯を見たが会津のが最もオーソドックスで美しく、「輝け！　日本一の鈴蘭灯」だ。

城の石垣が残る甲賀町口門跡の小路を鉤《かぎ》の手に折れた角の「麦とろ」にもご挨拶せねば。

「こんばんは」

「オ、先生、いらっしゃい！」

病気でもしたか太鼓腹にコルセット、ラクダ色の半ズボン、素足の主人は酔っ払い一人客を持て余していたようで、妙齢女性連れの私に目を丸くする。

「鯨汁、ある？」

「ようがす、オーイ隠元あるかぁ」

奥さんを大声で呼ぶ。黒皮を残した鯨の白い脂の塩漬け・塩鯨を出汁《だし》に、夏野菜をたっぷり入れた「鯨汁」は夏の山国のスタミナ食だ。生魚のない山国は身欠きニシン、棒鱈、かすべ（エイヒレ）など乾物保存食の料理に優れ、籠太で出た「こづゆ」も乾燥帆立貝柱の出汁で細かく刻んだ根菜類を煮た、宴席に欠かせない祝料理だ。主人は台所に入り、相手のなくなった酔っ払い客が話しかけてきた。

「会津に何しに来たの？　会津藩は先の戦争（戊辰？）で野に下ったが、歴代藩主・蘆名、伊達、蒲生、上杉……」

会津もの知り検定何級とかいう話はえんえんと続き、冷徹なミホは相手にしないが気弱な亀次はつい相づちを打ち、「助けてよ」と目で訴える。わるい人じゃないが、会津で酔って話に深入りするなと言っただろ。

「へーい、お待ち」頃よく大盆に湯気を上げて鯨汁が届いた。「鯨汁はそもそも保科公が……」その人には返事をせず手を伸ばす。薄い味噌味に鯨脂の濃厚なうま味がのり、じゃが芋・人参・茄子・大根・玉葱、とりわけ青い香りの隠元と甘いかぼちゃにほっとする。塩鯨は「この位で（手幅十五センチほど）」昔五百円、今三万円。細かく切ってかるく油で炒めるのがお婆ちゃんに教わったコツと言う。どっかと大股に座り、団扇をばたばたさせて主人は満足そうだ。「お代わり！」箸をくわえて、各自いっせいに椀をつき出した。

「あれはうまい」郷土検定の猛攻に耐えた亀次は店を出て鯨汁を称賛した。「次はバータイムね」ミホは我々の行動パターンがわかってきたらしい。まかせなさいと穴蔵風の小さなバー「ｃｏｚｙ」のドアを押した。板壁に粗い木目の床、透過光のバックバー、重なる葉巻の箱、丸いカウンターが落ちつく。

「ジントニック」（七星）

「ギムレット」（亀次）

「モヒート」（ミホ）

「かしこまりました」

会津塗メジャーカップは柄が華やか、会津塗カクテルグラスもある。ピンストライプシャツに黒ベスト、ソフトに整髪したマスターが好意的にこちらを見る。

「会津に昔、クーパーズっていいバーがあったな」

「ぼくはそこにいました」

「あ、そう。オリジナルのスプリングモーンはうまかった」

「ぼくが作ってお出ししました」

「え？」

およそ十五年前、初めて来た会津で入ったバーのことを書いた本を彼は読んでくれていた。

「なーんだ、久しぶり」

あの頃は若者だったが、今ではすっかり渋い男前だ。

「太田さん、白いものが見えますね」

余計なこと言うな。カシスウオッカ・コアントロー・ライムジュース・クランベリージュースの「スプリングモーン（春の朝）」は桜草のように淡い紅をたたえ、ほろ酸っぱい味が雪国の早春の朝を巧みに表現している。

マスターは喜多方出身と聞いた亀次は「一番うまい喜多方ラーメンの店はどこ？」と単刀直入に聞き、苦笑したマスターは「専門家がいます」とカウンターの一人客を紹介する。その人も苦笑し「まあ、好みですが」と前置きして、一番人気は「はせ川」。「まるや」「あべ食堂」もいい。「伊藤食堂」と「食堂いとう」は別だから注意。「大安食堂」は手堅く、新鋭「さゆり食堂」は人気が出てきた。ミホが素早くメモを取る。

「失礼ですがラーメン評論家ですか？」

「いや」ともごもごし、「じつは私もラーメン屋で」と照れる。自分から言わないところがいい。「来夢」会津若松駅前店長さん、ありがとうございました。

さあて、これまでの三軒はおいらの知った店ばかりだ。

「ミホ、どこか気のついた居酒屋は？」

「わたし、鳥益《とります》が気になるの」

あそこか。まだ新しい店で外にいろんな扁額が盛大に飾ってあった。ミホの直感はわりあい当たると思うようになってきた。入ってみよう。

丸太とランプ、ぶ厚いカウンター、古箪笥、蔵引き戸、柱時計、囲炉裏、巨大な自在鉤。大店番屋のような豪快な店内は隅々まで磨かれ、小上がりの朱壁も華やか。ずらりと下がるビラ品書も力があり、酒は飛露喜と申し分ない。ミホ、大当たりだ！

ミホの頼んだ「仙台直送岩ガキ」は新鮮特大。おいらの「焼茄子」は囲炉裏の灰に長時間突っ込んだ大作。亀次の、これも会津の夏の滋養「どじょう鍋」は湯気を上げてうまそうだ。美人若女将はじめ、きびきび働くのは女性ばかり。カウンターには大女将。

店内にも「鰻蒲焼」「いしり鍋」などみごとな木彫扁額がいっぱい飾られる。

「ウチの主人が彫るの。素人だけど」

これは驚いた。古物を並べただけではなく、きちんとしたアートディレクターがいると感じていたが、蒐集から装飾すべてご主人によるそうで、東京都心に店を作れば大繁盛間違いないだろう。二十年続けた店を最近ここに移し、店名も改めたそうだ。

小さな紙に書かれた〈メニュー　ぎゅうたん　てば　いいちこ　しそまき〉の幼い字がいい。

「お孫さんですか？」

「そうなの、ななみちゃん」

大女将の顔がくしゃくしゃになった。

そこを出てもう一軒。ミホに刺激され、おいらも初めての店に挑戦しよう。昔から気になっていた「甲賀茶屋」だ。

小さなカウンターの一杯飲み屋。焙った「イカトンビ串」に「末廣」（会津若松）の燗がうまい。主人が自分用に作ったという、野蒜《のびる》の珠の味噌漬は酒にぴったりだ。

昭和十七年生まれの主人は会津人。「会津の名君は蒲生さん」と話をおこし、伊達政宗嫌いの会津人のために、秀吉は〝蒲生君、君行きなさい〟と近江出身の蒲生氏郷《うじさと》を会津に封じ、近江楽市楽座を範として会津繁栄の基礎を作った。〝さん〟付けに尊敬と親しみがみえる。

かつて会津に近県一といわれたクラブ「ホームラン」があった。

「同級生の医者の息子が高校生でホームランに出入りしていてね」

彼は上京してザ・ドリフターズのバックでサックスを吹き、歌手水原弘のバンドでは、最高級コニャック・レミーマルタンしか飲まない水原の「レミー係」で巡業にも常に三、四本用意した。たまに帰る故郷の同窓会では芸能界裏話でわかせた。

大柄で男前の主人は古武士の風格に豪快な笑顔が最高だ。勧める酒をぐいぐい受けるのも気持ちがいい。

「ご主人、お名前は？」

「小原、本名です」

「え！　では小原庄助さん」

「そうです、あっはっはっは」

破顔一笑。朝寝朝酒朝湯が大好きなわが師匠にこんなところで逢えるとは！　おいらは立ちあがり、がっちりと握手をかわした。

真ん丸お月さまの浮かぶ夜空に鈴蘭灯が三輪花を添える。小原庄助さん、なんで身上つぶした……。

「ギネス飲みたいな」珍しく亀次が注文を出した。「あそこなんか、どう？」と指さすのは、おいらも気になっていた裏小路のアイリッシュバー「Ｃｒａｉｃ」だ。入ろう入ろう。

プハー。飲んだ後にシメのレッドビール・キルケニーは最高だ。亀次はギネス、ミホはハーフ＆ハーフ。空いた小腹にパンがおいしい。白い調理着のマスターは雰囲気よく落ちついている。

「店名はなんて読むんですか？」

「クラックです。ゲール語で〈親しみのある場所〉とか」

「パンがおいしいですね」

ミホの言葉ににっこり笑う。マスターはパン職人としても修業した人で、教えている製パン製菓学校の生徒がパティシエとして昨年の世界大会に出場したと聞き、ミホは「その人、男？」と身を乗り出した。

「つまりそのパンティシエが……」

「発音が違います！」ミホがにらんだ。


喜多方行きの電車がのどかに会津盆地を走ってゆく。遠くそびえるのは会津磐梯山。点在する屋敷は蔵をそなえ、白壁に夏の花が咲き乱れて美しい。

喜多方駅は、四十六軒もの店が載る喜多方老麺会マップを手にした人であふれていた。ガレージ二階の「大安食堂」はデコラテーブルが並ぶだけの殺風景な店だが、広い台所は新聞紙を床一面に敷いた臨戦体勢だ。醤油ラーメンは縮れ太麺に濃いスープがからんでたいへんおいしい。

煉瓦造りの酒屋「若喜商店」で試飲した大吟醸「蔵粋（くらしっく）」はモーツァルトの交響曲四十番を聞かせて造るという。甘口なのにキレもあるのは短調ゆえか。町を抜けた郊外の川の橋の先にその酒をつくる小原酒造があった。黒壁蔵の「カフェ・モーツァルト」でひと休み。静かに流れるモーツァルトのピアノ協奏曲が夏の終わりに涼やかに響いた。

「さゆり食堂」があるのは町から遠く離れた住宅地で、玄関から煮干のいい匂いがする。醤油ラーメンは塩ベースらしきあっさり味で、丼の縁すれすれまでたっぷりのスープが二日酔いに効いた。

呼んだタクシーで味はどうでしたかと聞かれた。運転手氏は四年前、さゆりの開店二日目に入ったがとてもまずく、来る客は皆まずいと言い、主人にそれを直言した者もいた。一年後「さゆりはうまくなった」と噂されはじめ、やがて行列ができるようになったという。新店ができると味見して評判をたてる。喜多方ラーメンの世界も厳しいようだ。

「昼はいつもラーメンですか」

「いやいや、女房の弁当です」

そうかもしれないなあ。

会津若松に戻り、鶴ヶ城に上った。天守閣最上階は四方から盆地を渡る風が吹き込んで気持ちがよい。下の森から蟬の声が聞こえる。見おろす城下のあの辺りを夕べ酔って歩いたのか。

「籠太」の兄貴、「麦とろ」のお父さん、「ｃｏｚｙ」のマスター、「鳥益」の大女将、「甲賀茶屋」の古武士、「Ｃｒａｉｃ」のパン職人、皆さんありがとう。「来夢」の店長、こんど行きます。

白虎隊士十九名自刃の飯盛山が見える。あの山を越えてゆく。

「さあ行こう」三人は階段を下った。

鈴蘭灯《すずらんとう》おぼろに続《つづ》き夏終《なつお》わる　七星

蟬《せみ》しぐれ裾《すそ》に巡《めぐ》らす天守《てんしゅ》かな　亀次

四 仙台

東北一の大都会牛タン名酒もつ鍋エルビス
浮かれ浮かれて俳句はいずこ

平成の芭蕉・曾良を気どる酔いどれ俳人七星・亀次は、俳句修行に女編集者ミホの同行を許して、千住、宇都宮、会津と『おくのほそ道』をたどり、仙台駅前に立った。

「すごい都会」

「しゃれてる」

「うまそう」

駅前歩道橋から見る街は青々と樹容ゆたかな欅《けやき》並木が続き、まさに杜《もり》の都。カフェ、ファッションビル、大型書店が現代の都会感を演出する。仙台牛、笹かま、ずんだ餅、萩の月などの大きな看板。松島湾の牡蠣《かき》やホヤ、金華山沖の鯖など豊かな海の幸に名酒もあまた、冷やし中華発祥の地、駅弁の種類日本一といわれる東北随一の食都。折りしも駅のポスターは〈美味し国、仙台・宮城「伊達」な旅。ここにホントの「伊達」があります〉と大キャンペーン中。美味し国の中でも、

「牛タン」

「牛タン♡」

「タンタカタン♪」

すぐさま駅前の「利久・西口本店」へ。開店十一時半にもう客であふれ、出張らしき黒スーツ族はこれを楽しみにして来たようだ。

「牛たん定食！」

はずんだ声が重なる。BSE問題で減ったとはいうものの、仙台には五十軒もの牛タン屋があり、ミホが事情通に推薦された利久は市内に十八店舗をもつ人気店だ。定食は〈牛たん焼、キャベツときゅうりの浅漬＋南蛮味噌（青唐辛子味噌漬）、白髪葱たっぷりのテールスープ、麦飯〉の不動の四点セット。厚切り牛タン八切れは旨みがじゅわっと広がり麦飯がどんどん進む。

「なんで仙台で牛タンなの？」

いい質問だ。終戦直後、佐野啓四郎という人が進駐軍用牛肉に使われないタンが二束三文で買えることに目をつけ、焼鳥を真似て調理法をあみだし「味・太助」で出した定

食四点セットが元祖となった。

「あそ、すみませーん、ビールもう一本」

質問しておいて聞いていない。解説はやめ、おいらもすっかり平らげた。

「ぐふ、あれはいいわ」

店を出た亀次は爪楊枝をくわえ満足そうだ。そのままホテルへ直行してごろり。俳句はいずれ考えよう。


「さあて」夕方ロビーに集まり、ぐるりと肩を回した。仙台にはなじみの居酒屋はたくさんあり、挨拶して回るだけでもタイヘンだ。仙台初心者の亀次をまずはぶらぶらご案内。

欅並木の大樹が四列に並ぶ定禅寺通りは仙台で最も美しい通りだ。左右の三車線道路にはさまれた、中空で緑の大枝が重なる土の遊歩道は、点々と置かれた巨匠グレコやマンズーの彫刻が目を楽しませる。夏の野外ジャズフェスティバルなどいろんなイベントが行われ、今日は「建築家大会２００８」という展示に建築家（でしょうな）が大勢歩いている。通りの端の勾当台公園では青空フラワー市が美しかった。伊東豊雄設計の「せんだいメディアテーク」は文化の発信基地で、私もいくつもの展覧会を見たし、勤

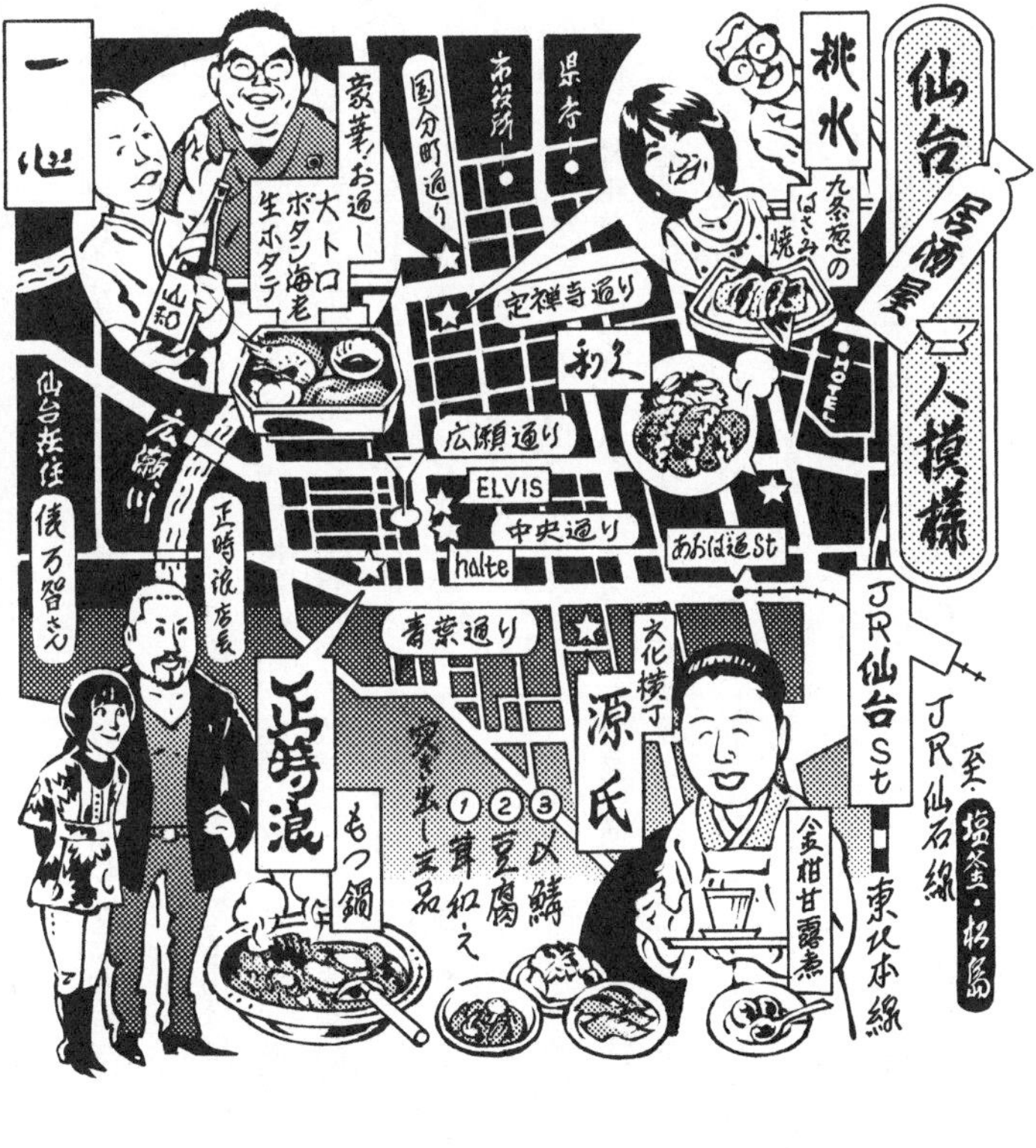
仙台
居酒屋
人模様
一心
豪華！お通し
大トロ
ボタン海老
生ホタテ
国分町通り
市役所
県庁
桃水
九条葱のはさみ焼
定禅寺通り
和み
HOTEL
広瀬通り
広瀬川
ELVIS
中央通り
halte
あおば通St
青葉通り
仙台在住
俵万智さん
正時浪店長
正時浪
もつ鍋
文化横丁
源氏
1 鱈
2 豆腐
3 茸和え
JR仙台St
JR仙石線
至・塩釜・松島
東北本線
金柑甘露煮

めていた大学の卒業制作選抜展もここで開いた。仙台はいつも何か行われている文化度の高い都市だ。

もう一つの文化（です）、居酒屋、バー、料理屋、スナックの歓楽街は隣の国分町が一大基地だ。仙台は飲み屋横丁の多い街で伊達小路、稲荷小路、狸小路、虎屋横丁、壱《い》弐《ろ》参《は》横丁、仙台銀座などめじろ押し。中でも目抜きのデパート三越のすぐ前に、小さな木造二階家が長屋のようにぎっしり四本並行する「東一連鎖街」こそは日本一の飲み屋横丁。トイレは通りの共同トイレという正しいスタイル。戦後の面影を残す横丁には、個性と人情あふれる名店がいくつもあった。

「あった」が悲しい。おきまりの再開発がおき、私は大学教授の肩書きを利用して、地元紙の正月版に「都市工学の見地」から（オホン）「飲み屋横丁こそ、街活性化の有力なメディア」なる論陣を張ったが反応はなく、計画は進行した。今回そこがどうなっているかを見るのも大きな目的で仙台に来たが（俳句はどうなった？）、高いフェンスに囲まれて様子はわからない。名店「酔亭」「ボナンザ」「時浪屋」「彦ちゃんブンブン」は何処に消えた。

三越前の広い「一番町買い物公園通り」はベンチも整備されたしゃれた通りで、若い男女が肩を寄せ合い、よちよち歩きの子供が年寄の目を楽しませている。そこから脇に入った「文化横丁」通称ブンヨコの奥の奥、最後は幅五十センチの小路の居酒屋「源氏」にまず入ろう。

「いらっしゃいませ」

着物に古風な長白割烹着、両手を前に合わせ静かに腰を折る美人おかみ・雛子さんこそ、日本三大白割烹着おかみの一人(他を聞きたい？　旭川「独酌三四郎」、大阪「わのつぎ」です)。舟形にまとめたつややかな黒髪がトレードマークで筑前琵琶の奏者でもある。

「これはいい」

見渡した亀次がつぶやいた。古い石造りの米蔵を改装した店内は床も石畳。寄棟天井下の方形カウンターの腰掛板は、長年の客の尻ですり減り微妙なカーブをつくる。昭和二十五年の開店から何も変わらない時間の停止したたたずまいは別世界だ。

ここは酒一本ずつに、創業以来半世紀のぬか床のぬか漬、豆腐、(本日は)〆鯖など、お決まりの品が出る。他にも肴はありお好みだ。長年使い続ける流動式燗付け器の燗酒は、受け皿つき十二角形厚手の正しいコップ酒だ。

ツイー……。

「うまい」またも亀次が感に堪えない。

「なんで文化横丁なの？」

いい質問だ。ここは大正十三年に通じた仙台で最も古い横丁で、翌年できた活動大写真常設館「文化キネマ」からその名がつき、昭和二十年の仙台空襲後さらに延びた。現在およそ五十軒が軒を連ね、安心できる飲み屋横丁として仙台市民に愛されている。

「あそ、すみませーん、お銚子もう一本」

質問しておいて聞いていない。もう解説しない。

客の中には若い頃からここに通い、今は仙台の著名人となった人も多い。東北大学の先生には特に好まれ、夜はここで教授会が開けると言われた。

カウンター向こうに座る頭の光る方はいつもあの席だなと思っていると「こんにちは」と声をかけられた。

「太田さんの本に、やかん頭と書いていただいた者です」

「あわわ」そんなことを書いた憶えがある。これはやかん、じゃなくていかん。慌てて立ち上がり「失礼いたしました」と頭を下げてカンラカンラと呵々大笑され、ほっとする。神妙にしていると「私は本職の住職です」声をかけてくれた。後ほどお帰りになられてから知ったことだが、お父上は東北大学名誉教授でアララギ派の歌人、宮中歌会始の召人《めしうど》も務められた方だそうでますます恐縮。さらにご一緒していた紳士はここの最長老客にしてやはり東北大教授、酒の幹である酵母学の権威とあってさらに身が縮む。

　しかしそのときは、ドイツ語もまじる賢人の語らいをよそに、「東北大はトンペイ(麻雀用語)と言われたんだって」「日本酒は酵母だよ、すみません三本目！」と声高に騒ぎ、まったく皆様失礼いたしました。

　懲りない三人は意気揚々、「次は一心」と定禅寺通りへぐいぐい歩く。

「こんちは」

「太田さ〜ん」

　手を握らんばかりの迎えは柳澤さんだ。すこし前に「先日はご来店にもかかわらず留守をしておりまして……ぜひまたのお越しを」と葉書をもらっていた。

　彼は二十代で飲食店を三軒もち年商一億円を売り上げていたが、店と家を往復するだけの生活に疑問を感じ、十七年前にすべてを止めて一年考え、魚や野菜など食材の生産地行脚《あんぎゃ》の旅に出た。今でこそ産地直送は普通だが、当時は珍しいことだ。そして「伏見男山」にひと冬蔵入りして酒造りを体験した後、「一心」を開いた。酒は大手ブランド全盛の時代に全国の地酒、特に県産に力を入れ「宮城県産酒は宮城の宝です」と大書した紙を大きく貼り出した。開店から三年ほどして仙台に面白い店があると、「夏子の酒」の漫画家・尾瀬あきらさんや日本酒関係者、飲み助のおいらなどが訪れ始めた。

以来の仲と言いたいが、彼は店にいやしない。優秀なスタッフに支えられ軌道にのると「食材研究」と称していまだに各地を放浪、連絡も取れないとか。つい数カ月前来たときもいなかった。

「今日はいるね」

「いますいます、オイお通し」

スタッフに指示して働く姿勢をアピールする。ここのお通しは豪華で、塗り重箱に「活きボタン海老、大トロ、生ホタテ」が濡れて光る。ぴくぴく動く活き海老の頭を剝きがぶりとやると、透明な甘味に冷たい「伏見男山大吟醸中汲み」がいやましてうまい。

「こりゃあいい、もう何にもいらん」

亀次は超ご機嫌、ミホもうなずく。生産者や特長を書いたイラスト入り品書きはいつも力作で、制作のともみさんは尾瀬あきらさんに「ぼくの助手になれ」と言われたとか。もちろん酒に詳しく、〈若き蔵人は美山錦をこう醸す〉と解説された宮城酒「山和」を奨めて持ってきた。

ツイー……。

「若いが色気がある、女学生時代の若尾文子かな」

大スター若尾さんは女学生のころ仙台に疎開し、井上ひさしの青春小説『青葉繁れる』のモデルと言われる。

「ソーヴィニョンブランに似てるわ、真木よう子型ね」

ミホの譬えは白ワインと最近注目株の女優だ。

「どっちでもいい。仙台の巻はもうここで終わりでいい」

亀次は女優に関心なく、秋の今が時季の金華山沖・金華鯖刺身を相手にクイクイと盃を進める。携帯を見ていたミホが「いけない、時間だわ」と立ちあがった。

ミホはいま仙台在住の歌人・俵万智さんの担当で、この旅で仙台を通ると話し一緒に飲みませんかとなった。その時間だ。俵さんご推薦の店、国分町の「桃水」は二、三年前に来たような気がする。

「いらっしゃいませ、以前はご来店ありがとうございました」

セーターに前掛けのすてきな美人若おかみの挨拶に驚いた。一人でほんの小一時間いただけだったが。

予約の座敷に案内され二、三分。

「ごめんなさーい、私が後になってしまったわ」と、俵さんがやってきた。七星・亀次ともに初対面でまずは挨拶、次いでビールで乾杯。

「ここはよくいらっしゃるんですか」

「ええ、たまに。店の名は江國香織さんがつけたんですよ」

「へー」

おかみさんはアメリカに五年間留学、そのとき借りた家に江國さんも一年ほどいた。帰国して結婚し、店を始めるにあたり江國さんに店名をお願いすると「桃水」と名付けた。「お酒のイメージ」とのことだが、女流文学の先達樋口一葉の文学の師で心の恋人でもあった半井《なからい》桃水から取ったのかも知れない。おかみさんは店名を気に入り、娘二人に「桃子」「水紀」と名付けたそうだ。

「アメリカで五年、なにを勉強されましたか？」

「いえ、ほほほほほ」

口をおさえ、空盆を手に向こうへ行ってしまった。

酒豪で知られる俵さんの本『百人一酒』には、酒肴の面白い話が満載だ。品書きを俵さんに向けた。

「ここのおすすめの肴は何でしょう」

「そうね、これ、九条葱のはさみ焼ね。私はイクラ醤油漬」

どちらも頼もうかと思っていた品。これはたしかに酒飲みだな。

「そうなのよ、はははは」

　盃を手にした俵さんは、小柄ながら豪快だ。同好の士とわかればリラックス。俵さんは、恐山でイタコに「誰か会いたい霊は」と言われ、とっさに寺山修司と答えたが「命日は」と聞かれて答えられず、叱られたそうだ。

「はははは」

「歌人、イタコに叱られる」

「そうなの、帰ってから調べたわ」

　酒の席だけど、せっかくだからうかがってみたい。

「短歌と俳句はどう違うんでしょう」

「そうね……、長距離競走と短距離競走かしら」

　これはわかるような気がする。俵さんは俳句をされたとき、五七五にどうしても三十一文字分の内容を入れようとしてしまい、それがよくないと指摘されたという。「俳句は絵ですね、気持を言っちゃいけない」と、俳人にして画家の亀次もこの話には熱心だ。

　越してきた仙台は、自然と文化がとても気に入っているそうだ。

「居酒屋はいかがですか？」

「開拓中です」

「源氏は？」

「行きました」

「一心は？」

「行きました」

うーん、行ってるな。

「正時浪は？」

「え、それどこ？」

ご案内したのは青葉城趾西公園に近い大町。おいらの仙台のダチ公、居酒屋「正時浪」の正次郎《しょうじろう》を紹介しよう。

神尾《かみお》正次郎は、面倒見と恰幅のよさで仙台飲食店の若い連中の顔役だ。初めて仙台に来たとき東一連鎖街の彼のバー「時浪屋」に入り、すぐ友達になった。店の小さなスペースを小棚や電燈、ノスタルジックな小物骨董、ジャズCDなどで演出した親密な隠れ家的雰囲気はすべて手造りと聞き、この男の才能を知った。しかしあるときガラリと改装し、勿体ないと思ったがこれがまた良く、彼のエネルギーに圧倒された。以前から絵も描き、五年ほど前銀座の画廊で初の個展を開くと聞き、私は祝いと心配で初日一番に駆けつけると、あまりに多くの作品を展示しきれず途方にくれていて、そんなことはまかせろと上着を脱ぎ、一時間ほどで飾り終えたことがあった。作品は好評でよく売れ、以降毎年個展を開いているから立派なもの。つまり彼はアーチスト。ちなみに双子の兄はサンフランシスコのレストランで成功している有名オーナーシェフで、料理専門誌『料理王国』十一月号に写真入りで大きく紹介されている。

「オス」

「ほい、太田さん、いらっしゃい」

「正次郎いる?」

「いません」

何だよ、どこをふらふらしてんだ。「携帯に電話しろ」と言い残して席へ。

ここもやはり彼の設計で開放感がいい。必ずカウンターを置くのは彼の癖か。名物は「もつ鍋」。だいぶ食べてきたが「すみません、鍋は人数分お願いします」とのことで四人前に。打ち出し鍋にうずたかく盛られたキャベツ・ニラがしんなりしてきたら、そろそろ。

ハフ、ハフ、ハフハフハフ。

んまい、辛い、いや、んまい。食べ切れないとの予想は大外れでたちまちなくなり、トッピングにニラだゴボウだ、ちゃんぽん麺だ、ご飯で雑炊だと、汁一滴残さず空にして、全員満腹放心ゲフーとなった。秘密はスープにあり。かつてあったバー時浪屋の隣は、正次郎の両親がやっていた陽気な居酒屋「彦ちゃんブンブン」で、名物は〆のラーメン。そのスープこそ、父がコックとして長年勤めた帝国ホテルで会得した黄金のスープ。東一連鎖街の閉鎖で消えた父のスープは、この正時浪でもつ鍋となって復活したのである。

「太田さん、お待たせしました」

太い声で正次郎が登場し、ミホ、俵さん、亀次が目を丸くした。彼はコンテストに選手として出場していたボディビルダーで、最盛期は身長一八一センチ、胸囲一三〇センチ、体重一一四キロ。一日六食で作り上げた体は有名格闘家と競いあうほどだった。今も胸は抱えきれぬほど厚く、エキゾチックなマスク、日本人離れした体軀は、このまま裸になり革の鎧を着ればローマの剣闘士だ。「こちらは歌人の俵万智さん、文春の……」と紹介すると、彼は礼儀正しく立ち上がり名刺を差し出す。

「あなたが正次郎さん」

俵さんのお子さんのママ友に彼のファンがいて名前は聞いていたそうだ。

「もつ鍋、とてもおいしいですね」

「ありがとうございます」

ミホの言葉もひとつ丁寧になる。写真を撮ろうと外で並ぶと、キュートで小柄な俵さんとマッチョな巨漢の組み合わせは、なんとも絵になった。

「どこかバーに連れてけ」

「はい、お安いご用」

近所の「アルト」は下がトラットリア、二階が薪ストーブのバー。ジントニックだ、モヒートだ、カンパリだとあれこれ飲んで俵さんはお帰りになり、「もう一軒」と入ったのは鉄階段を上がったプレスリーマニアのスナック「エルビス」。『監獄ロック』でまた飲んで……。

が たんごとん。仙台と石巻を結ぶ仙石線電車がのどかに走ってゆく。通過する多賀城はむかしその名の力士がいた。

胸には二日酔と反省がある。俳句のハの字もなく、ただただ飲んでいた。もつ鍋と芭蕉はどこで結びつく。離れて座るミホの眉根がけわしい。

「どこで降りるの？」

「塩釜です」

シーン……。

仙台を離れた芭蕉・曾良は多賀城の歌枕「壺の碑《いしぶみ》」を訪ねた。

〈むかしよりよみ置ける歌枕、おほく語伝《かたり》ふといへども、山崩川流て道あらたまり、石は埋《うづもれ》て土にかくれ……今眼前に古人の心を閲《けみ》す〉

千年も前の古い碑文を読み取り、古人の心にふれた喜びを書いている。いくつか歌枕の地をたどり、元禄二年（一六八九）五月八日（陽暦六月二十四日）塩釜に到着。ここに宿をとり、翌日塩釜神社に詣でた。神社の巨大な石鳥居に「陸奥國一宮」の大額が上がる。〈早朝、塩がまの明神に詣……石の階《きざはし》九仞《きうじん》に重なり〉とある正面石段は二百二段。中途の踊り場からさらに急段を登り切ると、雄大古雅な神社本殿が現れた。振り向いた展望は広く、遥か高い場所にあることがわかる。

ぱんぱん。柏手を打って前夜を反省し、旅の俳句精進を祈る。鉄兜のような宝燈は〈神前に古き宝燈あり……五百年来の俤《おもかげ》、今目の前に浮かびて〉と芭蕉もしみじみと眺めたもので、そう思うとリアルに感じ、芭蕉も触ったかも知れぬとそっと手を触れた。

〈塩釜三つの日本一〉の看板に〈近海まぐろ水揚げ、すし屋の数、かまぼこ生産量〉とある。それならばと名高い「すし哲」に入り二階座敷に腰を下ろした。

「特上握り三つ」

「それと牡蠣串焼き」

「お飲み物は何になさいますか」

「お茶でいいです」

握り寿司はおいしく、牡蠣串焼きは三人で分けて無言で平らげた。

塩釜はひなびた空気の古い町がそのまま残り、歩いていて心が洗われるようだ。正しくは鹽竈と書く地名は古代製塩の歴史により、『曾良随行日記』に〈未の尅《こく》、塩竈ニ着、湯漬など喰……出初ニ塩竈ノかまを見ル〉とあるのは、製塩法を伝えたとされる鹽《しお》土老翁神《つちのおじのかみ》を祀る御釜神社に今も残る直径一間の大鉄釜のことだろう。我々も見たかったが奉置堂の戸は閉まっていた。

歩きながら「浦霞」「一ノ蔵」「阿部勘」と三つも酒蔵を見た。二棟の巨大な石蔵のある「浦霞」はたいへん立派な宮造りだ。居酒屋も散見される。いつの日かまた訪ね居酒屋に入ってみよう。

〈日既に午《うま》にちかし。舟をかりて松島にわたる〉『おくのほそ道』の大きな目的を名勝松島においた芭蕉は、そのときを迎えた。我々も船で行こう。

プオー。汽笛を鳴らし、松島湾「奥の細道周遊コース」に第三芭蕉丸は離岸した。船出とともにかもめが追いかけ、売店で買ったかっぱえびせんを振りまくと群舞しながら空中でキャッチする。

「右に見えます地蔵島は……」デッキに立ち解説に合わせて顔を左右に振った。いくつもの小島は白い岩に緑の松が枝ぶりみごとに繁り、秋晴れの空を映す青い海に映えて、確かにこれは〈扶桑第一の〉名勝だ。芭蕉は洞庭湖、西湖に負けないと風景描写に力を入れているが、肝心の俳句は残していない。〈造化の天工、いづれの人か筆をふるひ詞を尽さむ〉。つまりこの名勝は誰も言葉にできないであろう、ゆえに自分も作れないというわけだが、俳人としては、ここでこそ己が業の限りを尽くすはずではないか。一句は作ったが『おくのほそ道』には収録していない。つまり試みたができなかった。

――今ぞ。酔いどれ俳人二人にふつふつと闘志がわいてきた。来仙して初めてわいた俳句心。芭蕉ができぬのなら我々が。むにゃむにゃ、共に手帖に書きつけた。

松島や冬まつ風の五大堂　亀次

松島に航跡ながし秋の雲　七星

五大堂を見て下船すると迎えるように〈国宝瑞巌寺〉の大石柱が立つ。

〽松島の　サーヨー　瑞巌寺ほどの
　寺もないトエー
　アレワエー　エトソーリャ
　大漁だエー

民謡『さいたら節』にうたわれる瑞巌寺は、伊達政宗が四年の歳月を費やして建立した伊達家の菩提寺だ。森閑たる杉木立をまっすぐ進む参道は武勇の一徹を思わせる。境内前の石碑に目が止まった。碑文の表には芭蕉が瑞巌寺を訪ねたときの『おくのほそ道』の一節が、背には松島の俳句集が彫られているらしい。古い碑文を解読した師に倣い、ためつすがめつ眺めても皆目読み取れず、宝物館受付に相談するとたいへん親切に資料をコピーしてくれた。嘉永四年（一八五一）大坂の人によって建立された碑で、左右裏面に十二の松島吟の句が刻まれるとある。

　松島や古ゝ耳寝よとの花す美禮　曰人　（松島やここに寝よとの花すみれ）
　松島や本農可に見出す秋の空　宗古　（松島やほのかに見出す秋の空）
　月古曾登於もふ尓雪の千松島　心阿　（月こそと思ふに雪の千松島）
　松島や島尓かく連天残る秋　舎用　（松島や島にかくれて残る秋）

万葉仮名では読めるわけもなかったが、往時の松島が江戸俳諧でよみがえる。一つの風景を時代を越えて詠み継ぐ芭蕉の教えにふれた気がした。

瑞巌寺はスケール大きく、伊達家の隆盛のほどがよくわかる。脇の庫裏《くり》は膳所ながら西洋唐草の透かし彫りや木組み白壁のコントラストが優美だ。心ひかれたのは塀の前にさりげなく座す、等身大よりやや小さいブロンズの観音像だ。どこかもの憂げに岩に横座りするポーズは、コペンハーゲン港の人魚像に似て哀愁がある。膝上においた手に持つ瓶子からさらさらと水が流れ、岩に触れる細指はしなやか。細面のお顔は女優・藤村志保に似て清楚だ。名は「灌水観音像」。流れ落ちる浄水は炎暑にあえぐ参拝者に一刻の安らぎを施したという。明治四十五年の安置ということは近代彫刻の影響、すなわち神仏にも人間性をほのかに込めているようだ。

一同そっと手を合わす。源氏、一心、桃水、正時浪。瓶子からあふれるように酒を飲んだ宴は終わった。後はみちのく奥深くへ旅ゆくばかり。待つのは厳しい冬。首筋に吹きつける風は早冷たい。三人は無言で瑞巌寺をあとにした。

千代《せんだい》の秋高《あきたか》きより鳶《とび》の笛《ふえ》　　亀次

観音《かんのん》の肌《はだ》も冷《ひ》えゆく秋《あき》の暮《くれ》　七星

五　一関

冬のみちのく歩けども俳道修行の道けわし
ついつい重なるはしご酒悩める二人を月が笑う

一ノ関は東北新幹線で仙台から三つめ。「はやて」はほとんど通過してゆく。

「なんにもねえなァ」駅を出た亀次がつぶやいた。東北一のネオン街仙台に未練を残して、七星・亀次は一関にやってきた。

昼めしにするか。ミホが地元通の上司に教わったという店をたよりにぶらりと歩き出した。通りは人影なく、真昼に夜の顔をさらしたような看板が続く。青地に赤文字の「スナック唐辛子」が鮮烈だ。

「どういう店だい」

「飲まされて真っ赤になる」

「勘定書き見て真っ青になる」

言う事も覇気がない。

やってきた「あさひ鮨」は巻物がいろいろある。つわもの巻（山芋千切りとまぐろ）、ど根性巻（納豆・いか・中落ち・貝割れ）、けむり巻（味付めかぶ）はよくわからないが、狂人巻とはすごい名前だ。

「うますぎて狂っちゃう」

「別名、発狂巻」

「違います、聞いてみましょう」

ミホは編集者魂を発揮して説明を求めた。いわく「一関で一年間療養された色川武大先生が、ベイシーのマスターに連れられてからよく来てくださり、先生の奥様が好まれた巻物に、読売文学賞を受賞された『狂人日記』から名をつけたものです」。ベイシーは駅前の地図にも出ている有名な一関のジャズ喫茶で、おいらもかつて訪れ、迫力ある超弩級サウンドの洗礼を受けた。『狂人日記』を読んだという亀次は興味をもったようだ。

「特上寿司と狂人巻」（亀次）

「特上とふかひれ寿司いっこ」（七星）

「特上だけ」（ミホ）

「あとビール三本とグラス一つ」

「三本も飲むんですか！」

　ミホが目をむいた。

「あ違う、ビール一本とグラス三つ」

　どうにもしまらない。「じゃ」なんとなくグラスをカチンしてングングング……。まっ昼間、毎度の光景にミホも当然のごとく飲み干すようになった。狂人巻は穴子・きゅうり・錦糸卵の太巻にツメたれのかかる正常なもの。気仙沼名産フカヒレの握りは大きかった。


　冬の日は短く、はや暗い。目抜き通りはずれの空地にぽつりと立つ蔵造りの居酒屋「こまつ」は闇に白壁を浮かび上がらせ、茶の暖簾だけがぼおっと明るい。

「こんばんは」

「ああ、いらっしゃい」

　迎えるのは夫婦に息子さん妹さん。皆さん揃いの店名入り黒Tシャツだ。なじみのおいらは電話しておいた。ここは蕎麦打ちをする父が、息子が調理学校を出て店を始めるので一緒にやろうともちかけ、昼は蕎麦、夜は居酒屋にした店だ。蕎麦は夜もできる。明治三十年築の古い醤油倉庫を改築した蔵が父の自慢で、土間に床を張ったりカウンタ

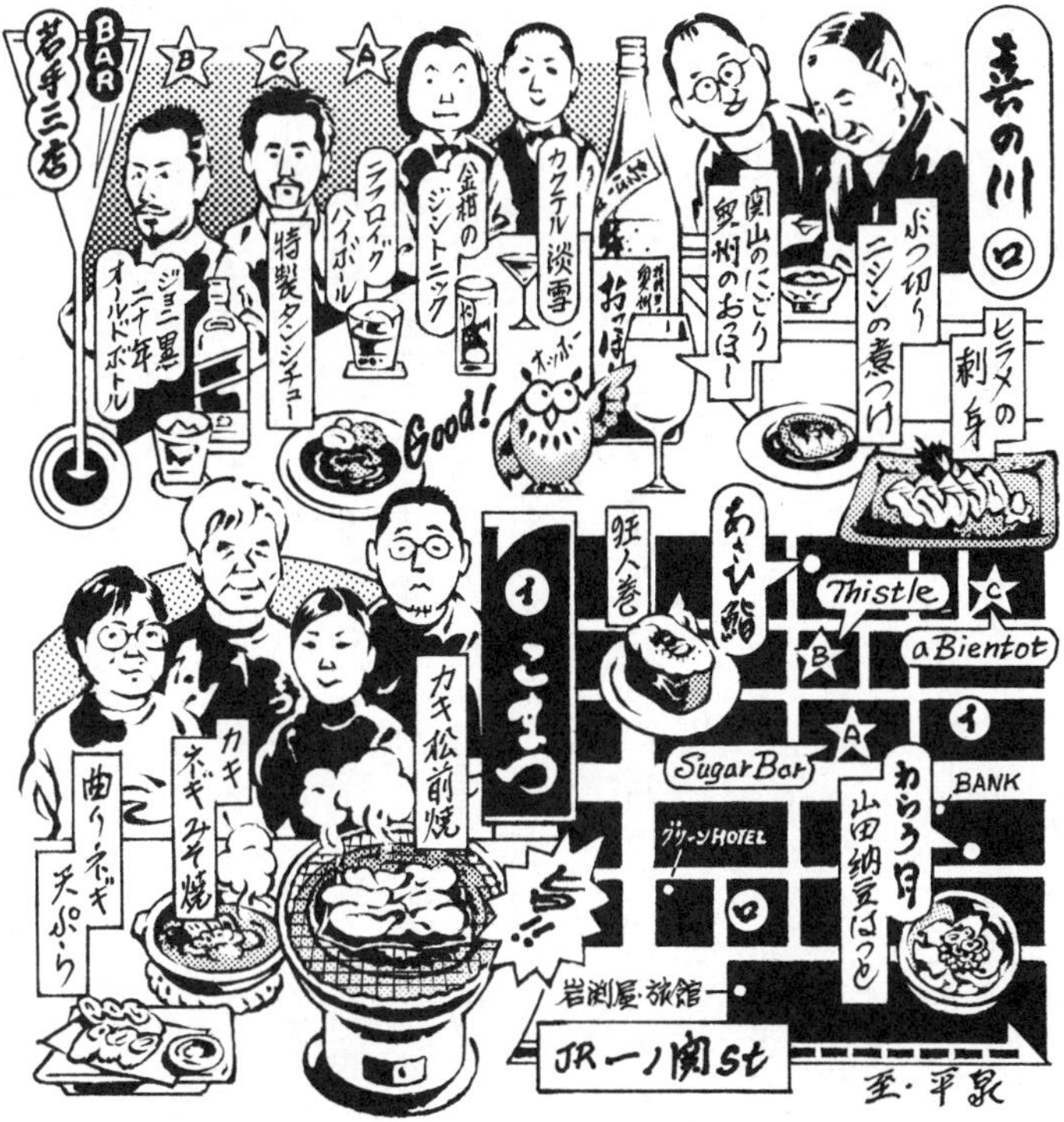
BAR
若手三店
B
C
A
ジョニ黒 二十年 オールドボトル
特製タンシチュー
ラフロイグ ハイボール
金柑のジントニック
カクテル淡雪
関山のにごり 奥州のおっほー
ぶつ切りニシンの煮つけ
ヒラメの刺身
喜の川
ロ
Good!
ホッホー
狂人巻
あさひ鮨
Thistle
aBientot
Sugar Bar
BANK
わらう月
山田納豆はっと
グリーンHOTEL
イ
こまつ
カキ松前焼
カキ ネギ みそ焼
曲りネギ 天ぷら
岩渕屋・旅館
JR 一ノ関 St
至・平泉

ーに大谷石を入れたりの苦心はむしろ楽しんだ様子がありありだ。

「いい店だねえ、何がうまいの？」

亀次の質問は率直だ。おまかせあれ、第一は〈森は海の恋人〉の名文句で知られる宮城県唐桑町・畠山重篤「水山養殖場」の日本一の牡蠣。生はもちろんだが七輪の炭火で昆布に乗せて焼く「松前焼」もいい。「それそれ」「私も！」一気呵成の説明にたちまち賛同し、待ってましたと店長である息子さんが殻を剝きはじめた。「あとは？」せっかちな奴だな。おすすめは二度植えで曲がった「一関特産曲りネギ」。味噌で食べるネギ焼か天ぷらだ。「天ぷらでいこうじゃん」顔がどんどんほころんでゆく。

ツイー……。

岩手・廣田酒造特注の燗がうまい。焼けた昆布のいい匂いが漂い、しっとり濡れた生牡蠣の縁がふつふつ泡を吹いてきた。「一度ひっくり返してください」三人思い思いの一つをひっくり返す。「もういいかな」「いや、もう少し、もう一度返して、……そろそろです」。

ぱく、あち、ほふほふ、ほひー。

声か擬音かオノマトぺかわからんが、一同左手を受け皿のようにして口をほこほこ。生温かい牡蠣に昆布の香りがうつって、いやうまし。

「お待たせしました」お母さんが運んできたのはきっぱり太葱だけの天ぷら。

「かぶりついたとき芯の熱いのが飛び出てくるから気をつけてくださいね」

「はい」抹茶塩をふり用心してがぶり。あち、はふほふ、ほえー。カラッと揚がった葱の香りがいい。

「これを天ぷらそばにしたらうまいんじゃないかな」

「あ、いいですね」

お父さんが笑う。壁に飾る撞木《しゅもく》に龍を彫刻した杖は祖父の作。大工・木彫職人の祖父・小松徳兵衛は一関の顔役で、興行師、俠客でもあった。戦争中サーカス興行を打ったが軍の命令でライオンを二頭射殺。その毛皮で子供の頃遊んだそうだ。

「一関は住みやすくいいところですよ」

お父さんは昔を懐かしむ目になった。

店を出ると中天に冬の月が冴えざえと光る。月は秋の季語だが一句よむか。ミホがぽつりと口を開いた。

「わらう月……」

「面白い、どう続ける」

「違うわ、あの店」

指さした暗闇に浮かぶ看板「わらう月」は、やはり蔵造りの居酒屋でこちらはスペイン風装飾を加えている。入ってみよう。

玄関で靴を脱ぎスリッパにはきかえてフローリングの部屋に入った。石ブロックの壁に小カウンターの家庭的な室内はスキーロッジのようだ。店の彼にメニューの「山田納豆はっと」を尋ねると「はっと」はスイトンのことでおもに岩手県でこう言うとか。

「山田は?」

「山田さんのお婆ちゃんが納豆はっとを作っていたんです」

「山田さんて誰?」

へへへと笑って向こうへゆく。

「言わないね」

「うん」

納豆・葱・辛子で食べるはっとは温かくおいしい。

「ホットはっと」

冷や奴の豆腐はすごく硬い。

「弁慶豆腐と名付けるとよい」

「義経納豆とコンビでどうだ」

東北らしい酒の肴に江戸から遥か離れた実感がある。山田さんの謎は解けず「わらう月」の命名者は聞き忘れた。

「さあて、バー」

旅立ち以来亀次はすっかりバーづいた。地方の町の夜の大通りは完全な無人で、街灯に照らされた三人の長い影だけが動く。「こまつ」の兄さんに教えてもらった「シュガー・バー」はビルの二階で、テーブル席もある洗練された雰囲気だ。我々はカウンターへ。

総髪の若いマスターは白シャツに黒ベスト、後ろの同じ身支度の女性は鈴木京香にうり二つの美人で、七星・亀次は「オッ」という顔。お通しのティーカップのコンソメスープが寒い夜にほっとする。

「ジントニック」

「かしこまりました。フレッシュの金柑でもできますが」

それは珍しい。グラスで金柑をつぶし、味はジントニックとはだいぶ違う。

「これは、キントニックだね」

「おそれいります」

メニューからミホが選んだ柿のダイキリは柿をつぶしてラムと甘味を加え、大型ボストンシェイカーで振り、金箔を浮かべたオレンジ色が華やかだ。カウンター端のコルクボードにいろいろな洋酒のピンバッジを集めてある。サイドカーを一口含んだ亀次はおもむろにポケットから自分の猫の絵のピンバッジを取り出しマスターに渡した。

「これも混ぜてくれる?」

へえ、いつも持ってるのか、オレにもくれよ。口数少ない鈴木京香が「すてきですね」ともらし亀次は目的を達したようだ。マスター佐藤真さんは二年前ここを開店、美女は奥様だそうでうらやましい。ともにNBA(日本バーテンダー協会)北上支部に属し、奥様は大会で優勝されたという。ではその優勝カクテルを。

「かしこまりました」威儀を正して奥様が支度を始めた。ブルーベリーとヨーグルトのリキュール、パインジュースに卵白。シェイクは手堅く、美人の落ちついた動きは大会審査員に好印象を与えただろう。

「淡雪、と申します」

白といえども淡い緑は萌えの若草にうっすらと雪がかぶるようだ。さっぱりと甘酸っぱく、北国の長い冬の朝に突然訪れる春の匂いを感じる。

ひとくち亀次に進呈。

「うまいねえ」

一関はなんにもないと言った亀次は、感想を訂正し始めたようだった。

平泉駅から北へのびる一本道はきれいに整地されているが真冬に人影はなく〈平泉を世界遺産に〉の旗だけがばたばたと北風にはためく（二〇一一年登録決定）。

「寒いし、タクシーにしましょう」ミホが窓をたたき、足を投げ出し寝ていた運転手は望外の客を喜んだようだ。

「お客さん、観光？」

芭蕉師の跡をたどり俳句の修行中、とは言えずむにゃむにゃと答える。

元禄二年（一六八九）五月十三日（陽暦六月二十九日）、芭蕉・曾良は一関を経て平泉に到着した。平泉をおくのほそ道の眼目とした芭蕉の頭には源義経の生涯があった。

源氏の頭領・源義朝は平治の乱で平清盛に敗れた。京都鞍馬寺に預けられたその子・義経（牛若）は、源氏再興を胸に成長する。元服を終えた十六歳、身分を奥州平泉に寄せ、源氏に恩ある奥州藤原氏三代目秀衡は直系の義経を誠心をもって迎えた。

六年後、兄頼朝の平家征討旗揚げを知った義経は兄のもとにはせ参じ、一の谷、屋島、壇ノ浦と平家を追いつめ父の無念をはらす。しかしその活躍を兄は喜ばず、やがて追討令が出される。

功を上げながら追われる身となった義経は弁慶ら少数を供に、若き自分を育てた秀衡を頼り平泉を目指した。難関安宅の関を弁慶の機転で突破、一年半の逃避行のすえ到着。秀衡は変わらず義経を迎えたが八カ月後「義経を大将軍として兄弟努力し、奥州を守るよう」と遺言して亡くなる。

息子・泰衡は頼朝の圧力に耐えかね、義経を排除することで奥州の安泰を保とうと二年後の文治五年（一一八九）閏四月、高館の義経居館を急襲。弁慶立ち往生の奮戦も空しく、義経は妻子を手にかけ自害した。しかしその八月、頼朝は大軍をもって泰衡を攻め藤原四代は滅亡した。芭蕉・曾良が訪ねたのはそのちょうど五百年後の年であった。

「ほう……」

義経居館のあった小高い高館に立ち感嘆がもれた。眼下は東北一の大河北上川が束稲《たばしね》山《やま》を巻いて悠々たるカーブを描き、左方から古戦場となった衣川が合流する。眺めを前に三人声もないのは雄大さにどこか哀しみを感じるからか。芭蕉はまず高館の義経堂を訪ね、この風景を句に詠んだ。

夏草や兵どもが夢の跡

傍らの句碑はおくのほそ道を引用している。

〈三代の栄耀一睡の中にして、大門の跡は一里こなたに有。秀衡が跡は田野に成て、金鶏山のみ形を残す。先高館にのぼれば、北上川南部より流るゝ大河也。衣川は、和泉が城をめぐりて、高館の下にて大河に落入。泰衡等が旧跡は、衣が関を隔て、南部口をさし堅め、夷をふせぐとみえたり。偖《さて》も義臣すぐつて此城にこもり、功名一時の叢となる。「国破れて山河あり、城春にして青草みたり」と笠打敷て時のうつるまで泪を落し侍りぬ〉

観察、口調、想い、杜甫の引用など全てが充実した、おくのほそ道で一番好きな節だ。〈夏草〉句がすばらしいのは、衣川の戦いのみならず関ヶ原などあらゆる戦さ、或いはハムレットのスコットランド古城、アメリカ南北戦争、日本大東亜戦争、近くはベトナム戦争までその句意が生きるスケールの大きさだ。絵のような名勝松島では句作できなかった芭蕉がここで神韻ともいえる冴えを見せたのは、芭蕉の句作意図は風景の美的描写よりは、風景に見た人の世の姿であり、かねてより抱いた無常観が義経や藤原盛衰の地に立ち絶唱となったのだろう。

山頂の小さな義経堂には甲冑姿、武者人形風の義経木像が納められる。建立は芭蕉来訪の六年前。当時の新築は三百年余りを経て古びた。義経自害から五百年後に芭蕉が訪れ、また三百年後に我々が訪れ追慕する。時の流れを感ぜずにはいられない。

「一句、つくらねば」

「うーむ……できん」

師の絶唱を前にすごすごと平成芭蕉・曾良は退散した。

高館から芭蕉が歩を進めた中尊寺・月見坂は樹齢三百〜四百年の古杉が梢高い。中尊寺は奥州の安泰を願った藤原清衡が長治二年（一一〇五）に建立し、藤原四代の遺骸を安置する。本堂はじめ左右に点在する諸堂を過ぎるとゆるやかな石段の先に金色堂（阿弥陀堂）が見えた。中尊寺一帯は建武四年（一三三七）の火災で創建時の多くを焼失したが、唯一金色堂だけは残って覆堂《おおいどう》で守られ、日本の国宝第一号となった。

脇に句碑が立つ。

五月雨の降り残してや光堂

平泉の芭蕉は冴えている。雄大な叙事句のあとは俳句の最も得意とする描写句。雨を照り返す神光と詠んでよし、覆堂に守られる御堂と詠んでよし、端正な口調はこの堂の完璧な言語化として短詩型の強さを思わずにはいられない。

金色堂に初めて入った。本尊阿弥陀如来を中心にした三十二体像の立体感ある配置が皆金色《かいこんじき》にぐいぐいとこちらに迫る。精巧きわまりない須弥壇、巻柱の蒔絵、螺鈿は豪華を越えて荘厳に至る浄土。これを俳句に詠むのは相当な力技だ。

「ふうー」

立派すぎて俳句のハの字も出せずとぼとぼと坂を下る。立て札に昭和四十五年ここを訪れた昭和天皇の御製がある。

みちのくの昔の力しのびつつまばゆきまでの金色堂に佇つ

「素直だな」

「そう素直、これでいいんだ」

よし、おいらは辺りを見回した。靴に名残の紅葉がくっついている。境内では職人が雪吊り支度の一服だ。腹も空いてきた。

踏みしめて紅葉を運ぶ光堂

雪吊りの庭師憩へる中尊寺

参道に蒸饅頭の湯気が舞う

「ダメ、見たまんま」亀次は二べもない。さはさあり。句作はあきらめ下る途中に〈奥の細道展〉と掲示がある。これは見なければならんが示す先は普通の民家だ。

「あのう、奥の細道展は？」

「はいどうぞ、ここで靴を脱いでください」

古めの家の戸障子を取り払った室内の簡単なガラス棚に、様々な軸や色紙が無造作に山と展示されている。見てゆくうちにおいらは驚嘆した。

光堂かの森にあふ銀夕立　山口青邨
花冷えの顔はかりなり雪の中　石田波郷
秋蟬のこゑ澄みとほり幾山河　加藤楸邨
霧雨か霧かと葉音きき澄ます　星野立子
これやこの奥の細道ならねどもわれも芭蕉のかなしみを知る　吉井勇
庭さくら花散るかたの一枚を手折りささげつみちのくに来て　土岐善麿
梅雨に早き今日の曇の山かげに一人見ている深山嫁菜の花　土屋文明

七年の反古よ里脱けて蝶と化す　――新平家物語の稿を終え旅に立つ日・吉川英治
うつし世のよるの夢こそまこと　江戸川乱歩
すててこそ　寂聴

島崎藤村、窪田空穂、荻原井泉水、山田孝雄、深尾須磨子、源氏鶏太、鳩山一郎、乃木希典……。俳句短歌のみならず著名文人らの筆跡、さらに芭蕉〈春もややけしきととのふ月と梅〉〈さみだれにかくれぬものやせたのはし〉の真筆もあるではないか。

うかがうと昭和三十七年十月の朝日新聞地方版切り抜きを見せてくれた。写真入りで見出しは〈資料研究に励む中尊寺の佐々木さん〉。中尊寺一山十七カ院のひとつ積善院の執事・佐々木智秀さん（記事当時五十九歳）は、ここを訪れる文人がそのまま帰るのを惜しみ、ことあるごとに揮毫を頼み、また一流俳歌詩人と奥の細道関係の真蹟蒐集、さらに芭蕉足跡各地写真を展示した、とある。これは立派な文学館に納まる内容ではないだろうか。

受付女性は当寺の方で、難読字の読解を請うと鉛筆書きの手帳を見て読み上げてくれ、その声がとても美しい。高名なテノール福井敬氏は甥にあたるそうだ。思わぬ出会いに話がはずみ、色紙になにか書いてくださいとなった。これは困った。困ったが残したい。残すなら俳句だが急にはできない。さっきのにするか。

『オール讀物』連載「居酒屋おくのほそ道」中尊寺にて

踏みしめて紅葉を運ぶ光堂　七星

「居酒屋」と書く時にためらったが仕方ない。亀次はと見れば絵師はいいなあ。さらさらと中尊寺と我々の似顔絵を描き「まあすてき」と喜ばれている。いずれこれが片隅に置かれるやもしれぬと冷や汗を感じるが、笑いものでいいや。丁重にお礼を申し上げ失礼した。

「オツカレー」一ノ関駅前の居酒屋「喜の川」で三人は盃をあげた。お通しはカウンターの大皿から好きなものを選べ、おいらはぶつ切りニシンの煮つけ。カレイとヒラメの刺身は活けで買い、一～二日おいて刺身にすると旨みがのるそうで、もっちりと肉厚だ。

「おいしいわあ」ミホがうっとりするのは白濁したにごり酒だ。一関地酒「関山《かんざん》」のにごり「奥州のおっほー」は妙な名前だが、昔ヤミでどぶろくを作っていた頃、税務署が回ってくると「おっほー」とフクロウの鳴き声を真似て伝えたのだそうだ。どぶろくは東北で盛んに造られ長い冬を楽しんだ。「オレ、さつま揚げ。今日はなんか疲れた」亀次もぐいぐい酒が進む。

「あまり俳句はできなかったな」

「うん」

偉大なる名句の前ではたじたじだった。俳句は見えるものを五七五にうたえばよいものではない。写生は大切だが、そこに深いものを見なければならない。

「そうよね、すみませーん、もう一杯」

ミホは慰めてるのか期待してないのか、ぐいぐいにごり酒がすすむ。

「バーいくかぁ」

昨夜のシュガー・バーで一関のバー状況を教わった。その一軒「シスル」はスナック唐辛子の先。

「お、スナック唐辛子」

「入ってみるか」

「私は行きません」ミホはつれない。

「シスル」はフローリングの床に素朴な木の椅子、太い木柱のスコッチバーで棚に様々なウイスキーが並ぶ。ヒーターにのせて温めてある赤いタータンチェックのひざ掛けは女性への配慮だろう。スコットランド国旗、リールの釣り竿にタモ網などマスターはイギリス好きらしい。

「いらっしゃいませ」

白シャツに英国調の重厚なネクタイ、袖をバンドで吊り、黒ベストにはピンバッジ、もじゃもじゃ髭ながら清潔感のあるまだ若いマスターだ。店名「シスル」は「喉の渇き」というほどの意味とか。

「スコッチを一杯。銘柄はおまかせ」

「かしこまりました、飲み方は？」

「ツワイスアップ」

それではと手を伸ばしたのはジョニーウォーカー黒の二十年オールドボトル。

ツイー……。

久しぶりのウイスキーはうまく、男はやっぱりウイスキーだな。

「わたしはラフロイグ、ソーダ割で」

ミホの注文はシングルモルトの名門。ミホはウイスキーも飲むんだ。ウィルキンソン炭酸をバースプーンに伝わらす仕草もエレガントにうまそうなソーダ割ができた。

「おいらもシングルモルトなにか」

亀次には「クリネリッシュ」という銘柄。三人がウイスキーを飲むのは珍しく、東北の小さな町のバーに似合う。女性ボーカルがささやくように柔らかい音はアナログのレコードで、アンプはデンオン、プレイヤーのマイクロのターンテーブルは厚さ二センチもある。

「いい音ですね」

「いいえ、一関はベイシーがありますから」

ベイシーのオーディオ設備は一〇〇〇万円をはるかに超えるらしいすごいもので、うっかりしたことは言えないという様子だ。マスター石川さんは東京のバーを経てここを開き六年め。シュガー・バーの佐藤さんとはバーテンダー協会で知り合ったそうだ。

古材カウンターのひび割れに誰がやったかコインが詰まる。おいらも五百円玉を突っ込んだ。

「金のない時これで飲むからな」

「かしこまりました」

律義な挨拶に笑いがこぼれた。

次に入ったバー「アビエント」は広い店内の壁一面に鉛を貼り、洋材ブビンガの七メートルはある長大なカウンターを斜めに置き、シャープなピンスポット照明を当てた前衛的なインテリアだ。開店そろそろ十三年、店名はフランス語で「また逢いましょう」ほどの意味。グレーのシャツに流行のぼさぼさ髪のマスターが一人、長瀬智也に似たワイルドないい男。いい男だがニコニコと感じよい。

「ジントニック」

「ダイキリ」

「マティーニ」

ミホはマティーニかぁ、やるなあ。長瀬智也が氷を割り始めて目を見張った。手に握る太い木の柄、厚い鉄刃はまぎれもない山仕事の鉈《なた》だ。

「鉈か！」

〈金剛〉と銘が入りずしりと重い。バーの師匠が二十年使っている二本の一本を独立祝いにくれたそうだ。さすがマタギの東北だ。勧められたタンシチューがうまい。もにゃもにゃ俳句の話をしていると「お客さんの出された本ですが」と、照井翠句集『雪浄土』（角川書店）を見せてくれた。

見はるかす落花のときを高館に

簾越し青き僧あり中尊寺
五月雨の礎石ばかりとなりにけり

作者は一関で教鞭をとる女性俳人でこれは第四句集。書名は次の句からなる。

雪浄土雀も仏なりしかな

「うーむ」魂のこもった句に我々は言葉もない。作者はすてきな美人で女性と二人連れでよくここを訪れ、昨夜もみえたそうだ。
「うーむ」俳句の道はふかく長い。この旅でなにかつかめるだろうか。おくのほそ道はまだまだ続く。グラスを手に遥かなる道程に思いをはせた。

高館《たかだち》の句碑《くひ》が見《み》おろす冬《ふゆ》の川《かわ》　七星
寒鴉《かんがらす》ただ鳴《な》くばかり光堂《ひかりどう》　亀次

六

盛岡

芭蕉未踏の盛岡に鮭が上るは中津川
盃かたむけ思うは俳句か文士劇か

平泉を経た芭蕉・曾良は行く手を西にとり山形・立石寺《りつしゃくじ》に詣でた。時まさに陽暦七月十三日盛夏。健脚をたよりの石段一〇一五は汗をよび、山上の涼風はさぞ心地よかったことだろう。

「へ、へーックション」

「寒い、もういけねぇ」

平成の芭蕉・曾良をきどった七星・亀次は立石寺を訪ねたはよいが、季節は逆に真冬。雪が横なぐりに吹きつけ、山頂高い五大堂は吹雪の中だ。

「股引はいてるかい」

「あたぼうよ、ミホは？」

「はいてません」

憤然とした女性編集者の顔に何でこんな時季に来たと書いてある。俳聖吟句の現場に立ち、俳心に学ぶはずも消え、あたふたと早朝の茶店に入り、燃え盛るストーブに手をかざし尻をあてた。人心地ついて名物玉こんにゃくのいい匂いがする。熱い甘酒をふうふういただき体が温まると、窓外の山寺に目をやった。

雪を抱いた風は山の岩にへばりつく御堂を吹き飛ばさんばかりに刻々と見え隠れにして、動く山水墨絵の様相ながら音ひとつない寂たる世界だ。一句としばし眺めたが定まらず、立石寺に向かった。

本堂・根本中堂の参道は除雪され左右は雪だ。唐金の大きな手水鉢は凍り、石鳥居、大銀杏、老杉など何もかも雪の中に、庇の下の五色幕だけが鮮やかだ。

離れた雑木道に雪をかむって芭蕉、曾良のブロンズ像があった。小高い石に芭蕉、すこし離れて曾良。ともに腰をおろした等身大で、芭蕉の不屈の眼差し、曾良の実直な風貌はリアルな迫力だ。二者にはさまれて句碑が立つ。

閑さや岩にしみ入る蟬の声

〈西紀一六八九年、元禄二年陰暦五月廿七日、俳聖芭蕉は奥の細道行脚の砌《みぎ》り、此の地立石寺を訪れて山上山下を巡拝し宿坊に一泊され不朽の名句を残された。今ここに翁を敬仰して尊像を建立して永く其の遺澤を顕彰せんとしたものである――〉

碑文は紀行随一と評高い名作がこの地で発句された誇りがこもる。我々とて敬慕の心は負けないが。

「へ、へーックション」

「蝉はいねえな」

真冬に当たり前だ。「ここで作らねば俳人とはいえないでしょう」ミホの目がきつい。ではむにゃむにゃ……。

芭蕉像雪の中なり立石寺　七星

翁句碑雪の宗匠頭巾かな　亀次

「もりおか〜、もりおか〜」

駅アナウンスが響く。

「芭蕉は盛岡に来ていませんが」

盛岡
情人
酒場徒然
櫻山ブドウ園
MASS
茶の間
たかみ屋
バロン
Bar 佐藤
ぴょんぴょん舎
ホワイトレディ
アザミ
開運橋
北上川
映画館通り
中央通り
大通
HOTEL
石鳥谷そば
さらさら
山菜天ぷら
新 南雪
JR盛岡駅
喜楽横丁
とらや
菊の司
いか肝の沖漬け
鯵のなめろう
湯豆腐
盛岡城跡公園
中ノ橋
もりおか啄木・賢治青春館
市役所
中津川
旧 盛岡銀行

ミホの言う通りだ。芭蕉・曾良は山形から最上川を下り日本海をめざした。

「だから我々がみちのくの奥までたどり、おくのほそ道を完成させるのじゃ」

「……そうですか」

あまり納得できない様子はそのままに盛岡駅を出た。昼飯にしよう。

盛岡三大麺、冷麺・じゃじゃ麺・わんこそばは有名だが、こう寒くてはラーメンに限る。中ノ橋を渡った「たかみ屋」は濃い味の醤油ラーメンがおすすめだ。「ビールとりますか」ミホが言ってくれるがあまりほしくない。熱いお茶がいいな。運ばれた醤油ラーメンは盛大に白い湯気を上げて脂玉が浮き、葱たっぷり。箸で持ち上げた麺ははやくも茶色に染まる。

ずるずるずる。無言の三人は箸をとめ胡椒を盛大にかけ、さらにずるずる。熱いラーメンが腹にしみていった。

夕方五時。しばしホテルで休んだ三人はロビーに集合した。

「太田さん、これをどうぞ」

「ん？」

〈貼るカイロ・快温くん〉ホカロンか。

「どうするの？」

「背中の腰のあたりに貼ります」

「やってよ」

「いやです！」

つれない娘だ。もごもごとトイレで貼り、いざ出陣。行く先は八幡町近くの居酒屋「とらや」。大通りのデジタル気温表示は昼のマイナス二度からマイナス六度に変わった。

「いらっしゃい」貫禄のお母さんは顔なじみ。それぞれ厚手コップに地酒・菊の司の熱燗をとぷとぷと注いでツイー。

ふうー……。

やっぱり冬は熱燗だ。コップを握りしめきゅーっとあおるミホも板についてきた。名門大学卒の才媛なのだが。

はふ、はふ。アルミ鍋に醤油碗を入れた昔ながらの湯豆腐がいい。豆腐は、夏は冷たい一丁に辛子を塗り、削り節、葱、海苔を盛大にかけ、秋の八幡宮例大祭の頃から温豆腐にかわり、真冬はこれ。盛岡は豆腐消費量全国一の町ときいた。

四十年になる店はL字のカウンターで、中の台所にはお父さんと娘さんがいるけれど、小さな料理出し入れ口は暖簾で閉じられ様子はうかがえない。

「隠してるのかな」

　その通り。娘さんは請われて地元企業のテレビCMに出演した評判の美人で、口の悪い客は「おまえ（お母さん）と替われ」と言うが、大の恥ずかしがり屋で顔を見せない。

「七星さんは見たことあるの？」

　一瞬ある。すごい美人だった。今、声かけるからよく見てろと顔をむけた。

「ご主人とお嬢さんはお元気ですか」

「はい」暖簾を分け「お父さん、太田さんよ」と呼ぶと「やあ、いつも」とご主人だけ顔をのぞかせ、にっこりした。

　外は寒いが、腰のあたりは温かい。

「ホカロンきくね」

「よかったわ」

　やさしい娘だ。

　盛岡の飲み屋街は一番古いのが盛岡八幡宮門前の八幡町、新しいのは菜園周辺、その間にある櫻山神社参道飲み屋横丁がおいらの気に入りだ。盛岡城の内濠にはさまれた神社参道の両側は戦後引揚者らの飲食店に提供され、バラックから木造二階に変わり、三本の横丁にのべ八十軒の飲食店がびっしり建ち並ぶ。じゃじゃ麺発祥の「白龍《パイロン》」はここにある。戦後の雰囲気の横丁も最近は若い人の店が増え、全店を紹介した立派なパンフレットもできていま活気がある。

「ＭＡＳＳ」は二階吹き抜けに間接照明が柔らかく、全国の地酒がよくそろう。東北の冬の魚「どんこ」を叩いたなめろうは珍しく、「なめたカレイ一夜干し」は身が厚い。子持ちなめたカレイは盛岡の正月に欠かせない年越し魚で、特大級はなんと五万円、切身でも一切れ二千円。それでも売れて、まず神棚に供える。貧乏な家は「ウチもいつかはなめたカレイ」と願うそうだ。

ふう……。

南部杜氏の酒「南部美人」のお燗がうまい。

盛岡は喫茶店、本屋、映画館が多い。「演劇の町でもあります」ミホが続けた。古くは田丸座、藤沢座と芸事が盛んで、大正二年創立の盛岡劇場は取り壊しを経て再建。市民演劇も盛んで「劇団モリオカ市民」第一回公演『冷麺で恋をして』に続く第二回は『わたしのじゃじゃ麺』。出演者・スタッフは公募で小学二年から七十五歳まで四十三人が集まった。

もうひとつの人気は昭和二十四年に始まり一時中断、平成二年に復活した盛岡文士劇だ。ミホは去年東京から見に来た。演目は『宮本武蔵と沢庵和尚』。沢庵和尚に盛岡在住の作家・高橋克彦、宮本武蔵はNHK盛岡放送局アナウンサー、お杉婆／内館牧子、佐々木小次郎／斎藤純、吉岡清十郎／井沢元彦の各氏。高橋克彦氏は名門岩手高で演劇部だったそうだ。

「ミスさんさ、が出るのがお約束」

へえ。盛岡の夏を彩る「さんさ踊り」は近郷美人総出の華やかなもので「ミスさんさ」は注目の的だ。中央の舞台を招いて鑑賞するだけでなく、自分たちで楽しもうとする姿勢がじつにいい。

「おいらも文士劇に出たいな」

「伝えときます」

ミホは高橋克彦氏の担当編集者だ。

「ミスさんさと東京の文士の悲恋ものがいい、川端康成『雪国』を底本に高橋さんに台本を書いてもらおう。映画は岸惠子と池部良でキスシーンもあった」

答えないミホに亀次が笑う。

「ははは、七星さんは盛岡が好きなんだ」

その通り。市内を川が流れ、山に囲まれた城下町は故郷松本に似るが、地縁血縁がないゆえに純粋に一人で町を味わえる。聞いていた店長が話しかけた。

「盛岡の人は温かいです」

「もうひとつ。盛岡の人は約束を守る」

おいらは言い切った。酒の場ではじっくり話を聞き、何かを頼むとわかりましたと一言。それは必ず守られる。「へえ」店長が嬉しそうに笑う。

若い店長はこの横丁が好きで始めたという。西洋かぶれせず、土地の食材で古い横丁を再生するセンスがとてもいいと話すと、ハンチング帽の一人客がにやにやする。その人はアメリカ西海岸の居酒屋で働いて帰国し、近くに「酒飯堂さらさら」を開いて今は弟子にゆずり、病人と病院をつなぐNPO法人をつくるため勉強中。人に直接役立つことがしたくなってと語る目が澄んでいる。「太田さんの本はだいたい読んでます」と言うのが嬉しく、明日行きますと約束した。

外は道行く人も少なくなった。大通の「ザ・バー佐藤」はまだ開いている。

クリーム色ジャケットの女性バーテンダー佐藤浩美さんはふっくらした美人。去年四月「桜の時に」開店したそうで、にこにこと笑みを絶やさない。

「盛岡はいいですね、人が優しい」

「寒いところですから、温め合いです」

山形・立石寺を経て岩手・盛岡へ。今日一日は長かった。亀次、ミホは疲れたらしく先に帰ったが、盛岡慣れしたおいらは余裕がある。

「ホワイトレディ」

佐藤さんがにっこり笑った。

翌朝一人で散歩に出た。気温マイナス二度。きりりとした早朝の空気に日の光が清々しく、朝の大通に人は少ない。

盛岡は雫石川・北上川・中津川の三本の川が合流する地だ。鉄道駅前すぐ東の北上川「開運橋」を渡ると市の中心部で、県庁などおもな建物、繁華街大通はここにある。石垣のみ残る盛岡城・別名不来方城《こずかたじょう》、櫻山神社を経てさらに東へ中津川の「中ノ橋」を渡ると盛岡の古い地区だ。橋の先の旧盛岡銀行は明治建築界の法王と言われた辰野金吾と盛岡出身の弟子・葛西萬司の設計で明治四十四年に建てられた。辰野はこの建物で独特の赤煉瓦様式に自信を得て東京駅の設計に進んだという。今は国指定重要文化財の盛岡のシンボルだ。川のたもとには宮沢賢治の詩碑がある。

川と銀行　木のみどり

町はしづかにたそがるる

中ノ橋に立ち、上流の岩手山を望んで大きく深呼吸をした。橋下の中津川は秋に太平洋から鮭が遡上し、歩みや自転車を止め川を見下ろす人が増える。町中で鮎が釣れ、鮭が上るのは盛岡だけだろう。河川敷におりた川沿いの小道は朝夕の散歩に最適だ。犬はここで首輪をはずされ、夏は子供が裸で水を浴び、群れる白鳥、野鴨が人を恐れないのはなんとよい眺めだろうか。都会と自然は共存し、山からの清澄な風がつねに橋上の人の頬を吹いてゆく。

近くの喫茶店「六分儀」の戸を押した。粗い床板、変色した漆喰壁が古い教会のようなこの喫茶店は宮沢賢治が入ってきそうだ。いつもシャンソンが流れ、今朝はエディット・ピアフ。盛岡の朝はここでコーヒーを飲むのが習慣になった。

ホテルにもどると亀次とミホがロビーにおりていた。

「なにしてたんだい」

「散歩」

ご苦労さんなこったと亀次はあくびして、まだ眠り足りないようだ。飲んだ翌日は冷麺に限る。駅前の「ぴょんぴょん舎」は三階もある大きな店が昼前にすでに混み、盛岡の人の麺好きは本当だ。冷たく辛いおつゆ、腰のつよいつるつる麵。おなじみを食べ終え、亀次は一言「寝る」とつぶやいてホテルに戻り、ミホは盛岡の作家と新連載打ち合わせとかで消えた。さておいらはどうしよう。

中ノ橋を渡った「もりおか啄木・賢治青春館」は明治四十三年築、ロマネスク様式の旧第九十銀行。天井高いホールは細い丸柱が優雅なアーチをささえ、チェンバロ曲が静かに流れる。隅の喫茶カウンターの南部鉄瓶で沸かす湯でいれたコーヒーがおいしい。

明治十九年、日戸《ひのと》村（現盛岡市）に生まれた啄木は盛岡中学（現盛岡一高）にすすみ、のちの言語学者・金田一京助と交わって文学を志すようになり、しばしば教室を抜け出し盛岡城趾に登った。

不来方のお城の草に寝ころびて
空に吸はれし
十五の心

明治二十九年、花巻に生まれた宮沢賢治も盛岡中学に入学。十一年先輩の啄木の清新な詩作に触発され、在学中に建った赤煉瓦盛岡銀行など町のモダンな近代化、小岩井農場の自然や鉱物から、のちにイーハトヴと名付ける独自の世界観を育てていった。

せはしくも花散りはてし盛岡を
めぐる山々雪はふりつゝ

ホールに二人のブロンズ頭像があった。二戸出身・舟越保武による啄木像は〈美少年で平凡に見える顔に、詩人の魂を盛り込むことに腐心した〉とある。賢治の弟・清六がロダンの弟子・高田博厚に依頼した賢治像は〈東北人の素朴さと、その魂を感じてもらえばよい〉とある。芸術家が表現した芸術家の頭像には魂がこもっていた。

俳句はどうだろう。思い立って雫石川を越えて訪ねた「盛岡市先人記念館」は盛岡の生んだ偉人、新渡戸稲造・米内光政・金田一京助を中心に、文学者コーナーに盛岡出身俳人が集っていた。

原敬の甥の原抱琴は『ホトトギス』に投稿して子規に認められ、盛岡に新日本俳句の結社「杜陵吟社」を結成、盛岡俳句の育成者となった。山口青邨は高浜虚子に入門、水原秋桜子らとの「東大俳句会」から始めて俳壇の重鎮となる。宮野小提灯は十五歳より『ホトトギス』に投句を始め、青邨を選者として俳誌『夏草』を盛岡で創刊。のち第一回夏草功労賞を受けた。

下山逸蒼《いっそう》は県庁の土木技師として渡米。労働者として各地を転々とするうち邦人を俳句で慰めようと「レモン詩舎」を結成。アメリカでは季題が合わないため自由律を提唱した。帰国して荻原井泉水の『層雲』創刊に同人参加。やがて「紙燭会」を結成して自由律を進め、骨髄炎左足切断の非運を乗り越え五冊の句集を残した。句集『霧笛』はサンフランシスコの思い出が込められているという。

俳聖未踏の地にも俳句は脈々と生きていた。盛岡は文学の町。その文学はリアリズムよりも抒情、幻想に特質があるという。盛岡への想いが深まっていった。


「ういっす」

夕方、肩を揺すり悠然と現れた亀次は血色がいい。

「今日はどこで飲む？」

どうやら元気を回復したようだ。

「ミホ、新連載はうまくいったかい？」

「おかげさまで」

「おいらの文士劇出演は？」

「言ってません」

ちぇ、ま、いっか。

「太田さんは、どうされてましたか？」

「盛岡文学研究」

返事なし。今日は町を歩いていない二人に盛岡の良いところを見せたい。

今日もマイナス六度だが慣れた。櫻山神社前をすぎると大柳のある城の内濠だ。一面の氷の薄雪に鳥が千鳥足の跡を描く。対岸は昨夜の飲み屋横丁。角の築山の鐘撞き堂は寺ではない純粋な時鐘で、昔はこれで時を告げていた。

「いい所だねえ、絵になる」

煙草を一服した亀次が肩を揺する。機嫌が良いと肩を揺すると最近わかった。

中ノ橋で夕暮れの川面を見下ろした。

「いいわねえ、犬の散歩」

ミホは犬好きかな。橋を渡ると夕闇に旧盛岡銀行がライトアップされてる。

「決まり！　扉絵はここ」

亀次はくわえ煙草でさらさらとスケッチだ。左に折れた盛岡信用金庫は葛西萬司設計の昭和二年築で、太い列柱とモダンの融和が美しい。角からの石畳は愛染横丁。突き当たりの粋な木造二階家「東家本店」はわんこそばが有名だ。

「こんな道があったのね」

文士劇や作家との打ち合わせで忙しくとんぼ返りのミホは、あまりゆっくり歩くことはなかったようだ。白壁蔵造り「愛染横丁」の大木戸を開けた。

「こんちは」

「あらー、太田さん」

娘さんの顔がぱっと輝いた。

粗く叩いた「鯵のなめろう」がおいしい。ざらりとした手触りの片口から汲む酒は近くの蔵の「菊の司」。塩辛好きの亀次は黒瓦のように銀光りする「いか肝の沖漬け」にはげしく肩を揺する。絵を描く画伯と紹介すると「似顔もうまいよ」と矢立をとり出した。蔵を改造した白壁黒柱の店内は清潔で女性客が多い。

「いらっしゃい」お父さんお母さんも出てきて再会。長女と三人の家族営業だ。「太田さんの本に、おかみさんはビールのジョッキを何度も運ぶと書かれていたけど、あれ私が飲んでたのよ」と笑い、ご主人も苦笑する。額の千社札は蔵から出てきたもので、郷土人形や行事の木版の色が温かい。往時、盛岡旦那衆の集まり「万札会」はこの札を貼る名目で全国を旅行して歩き、「万札会に入るとかまどを消す（財を失う）」と言われたそうだ。ここ愛染横丁は近くの長福院不動堂の愛染明王に名を依る。

「愛染、て何だっけ」

聞け。愛染明王とは〈煩悩即菩薩〉、愛欲情欲を浄化し菩提に入る姿じゃ。

「愛欲かぁ……」

亀次の肩の揺れが止まったようだ。

さあて次。次は櫻山神社飲み屋横丁。

居酒屋「茶の間」は横丁でも古いと聞いた。地酒「鷲の尾」酒粕でつくる「ほすっぱ汁」がおいしい。「ほすっぱ」は干した大根葉。店内は櫻山神社のお札、岩魚の彫刻、スズメバチの巣など飾り物がにぎやかだ。盛岡八幡宮例大祭は「いろは」の組で仕切り、ここは「さ組」。山車《だし》を引くポスターの添え歌がいい。

　指を震わせ青筋たてて
　　見得を競いて華と咲く
　美保の浜風天女の舞に
　　常磐の松が枝千代の色

「ミホの浜風天女の舞に……」

「あら」

亀次の端唄にミホがうれしそうだ。そろそろ頬が赤い。「わたしはお酒は強いです」が口癖だけどやはり女。

そこを出てミホが「ここよさそう」と一軒おいて隣りの「櫻山ブドウ園」を指さした。ワインバーのようだがミホの酒場カンはあたる。

木皮を生かしたログハウスにモダンなアルミ椅子、艶のあるカウンターは外国の山小舎のようだ。大好きなジョー・スタッフォードの歌う『ビギン・ザ・ビギン』が流れる。山と女性ジャズボーカルの好きなおいらはご満悦。よしワインくれ、ワイン。

「太田さんにはこれがいいわ」

ミホの見立てのグラスワインはチリワイン白「コノスル・ゲヴェルツトラミネール・レゼルバ」。舌を嚙みそうだが濃密なコクがおいしい。お通しは庭で作っているという「自家製ほうれん草のスペイン風オムレツ」。シャツを腕まくりして黒エプロンをつけた大柄マスターはラグビー選手のような頼りになる感じだ。「芽キャベツと二十日大根・バルサミコ酢」もバリバリと歯ごたえがあってとてもおいしい。盛岡野菜うまいぞ。

ゆきずりの酒場のあての春野菜　亀次

「いいねー、車寅次郎に捧ぐ」

ハモニカ好き亀次のテーマ曲はつねに『男はつらいよ』だ。

「うーい、次」

次と言うが亀次は、ついぞどこに行きたいと言ったことはない。「オレ？　おれはどこでもいいやぁ」だ。「では、さらさら」「え、それどこですか？」ミホが聞く。「酒飯堂さらさら、昨日会った人の店、盛岡の人は約束を守る！」。

「お待ちしてました、太田さんにこれを飲んでほしいんです」

酒飯堂さらさらのマスターが泡盛「新南雪」を手にこんな話をした。

平成五年、戦後最悪の冷害凶作となった岩手県は種籾も確保できず、翌年の田植えは不可能となり、知恵を絞った農政局は、収穫のはやい「岩手34号」を一月に種を蒔けば四月に刈入れできる沖縄で増やし、翌年の田植えに間に合わす妙案をたてた。南の果ての石垣島に飛び懇願すると、おおらかな島人は「同じ農家として」島農地の五分の一にあたる一番良い田を提供。翌年四月、収穫した種籾を持った石垣島の人々が花巻空港に下り立つと、山のように集まった岩手の農家の人々がいっせいに日の丸の小旗を振って迎えた。その年岩手は大豊作となり、岩手米は存亡の危機を免れた。以来、岩手人は石垣島を恩義に感じ、それに応えて石垣島の「請福酒造」はその岩手の米で泡盛を仕込み「南雪」と名付けた。「新南雪」は交渉を担当した岩手農協の人が請福酒造に特別に造ってもらった限定五十本だ。

「その泡盛です」

ツイー……。

温かみのある柔らかな味は米によるのだろうか。盛岡で泡盛を飲むとは思わなかった。サウス・ミーツ・ノース。「南雪」米を南の島の雪にたとえたネーミングがすばらしい。

フキノトウ、たらの芽、浅葱の山菜天ぷらがおいしい。寒くても春はそこに。

ほろ苦き野菜天ぷら春ちかし　ミホ

夜十一時をまわった大通はちらほらと雪だ。雪は降ってしまえば案外寒くない。おくのほそ道をはずれた盛岡で懐かしい人、新しい人にずいぶん逢った。もう一人この人の顔を見たい。

「こんばんは」

「お、いらっしゃい」

むかし盛岡で初めて入ったバー「バロン」は、煉瓦壁、オールデイズの音楽、衿なし白バーコートに剃った頭が坊さんのようなマスターと何も変わらない。

「ジントニック」（七星）

「ラフロイグのハイボール」（ミホ）

「んー……」

決めかねる亀次にマスターオリジナルの「あざみ」を奨めた。北欧の蒸留酒アクアビット、イタリアの苦い薬酒カンパリ、フランスのリキュール・ペルノーのカクテルで、外国から踏まれても踏まれても立ちあがるスコットランドの国花「薊《あざみ》」をイメージしたという。色は花と同じ深紅だ。

ツイー……。

「どうだい」

「深みがある、……強そうだな」

これはゆっくり飲むのがよい。

「わたしブラディマリー」

ミホはもうお代わり。たしかに酒は強いな。マスターが話しかけた。

「太田さん、今回は何ですか?」

「俳句修行におくのほそ道を……」

「はて、芭蕉さんは盛岡に来たかな」

「いいのいいの、どうせ俳句の連載と思われてないんだから」

酔ったミホは大胆発言だ。旅立ちには「俳道を極め、いずれ句集も」と意気込んでいたと記憶するが。

「は〜、行く?」亀次も酔った。

十二時、雪は本格的だ。暗くなった大通りにぽつりと屋台の提灯が揺れる。盛岡の名物蕎麦屋台「石鳥谷そば」だ。

「よーし、シメはあれ!」

雪にまみれた千鳥足の三人はふらふらと屋台に消えた。

酒《さけ》ありて雪《ゆき》の降《ふ》る町《まち》白《しろ》き闇《やみ》　七星

北《きた》の灯《ひ》や今宵《こよい》も零下《れいか》屋台《やたい》そば　亀次

七 弘前

ほそ道はずれた弘前に桜は咲かず雪が舞う
津軽娘は泣いたとさつらい別れを泣いたとさ

正巻『おくのほそ道』を大きくはずれ、奥州北部に草鞋《わらじ》を向けた平成の芭蕉・曾良こと七星・亀次は弘前にやってきた。時三月末、まだまだ寒い。

「亀さんや、なにか食いたいのう」

「ここなんかどうだい」

街道ぞいに古い木造の食堂がある。

「三忠食堂か、なになに」

貼紙に〈当店は四代百年の間、津軽に愛されています〉。

「ははん、わかったわ」

うなずいたのは同行女性編集者ミホ。最近出版された小説『津軽百年食堂』（森沢明夫著／小学館）のモデルの一つがこの三忠食堂で、名物・津軽そばはグルメ漫画『美味しんぼ』でも紹介されたという。さすがに事情通だ。

「食べた？」

「それが、まだ」

「入るべ」

　なんだか言葉も東北じみてきた。

　引戸の中は古い食堂だ。真ん中の石油ストーブを囲むように老人、婆さんが座り、昼のワイドショーのテレビだけがやかましい。津軽そばの解説がある。

〈津軽そばは、蕎麦粉をそばがきにして水に漬けて冷やし、翌日大豆粉をつなぎに蕎麦切りにして、さらにひと晩寝かせ、翌日茹でて水で冷やし、一食ずつ茹で置きにし、温かいかけそばで食べる〉

　江戸の蕎麦は打ち立てを尊び、細切りでも強い腰が売り物で、茹で置きなどのびた蕎麦は論外だが、ここのは大丈夫か。

　届いた小丼のかけそばは糸海苔と鳴門巻がのり、いりこ・昆布・煮豆の煮物が一口おかずでついてくる。では、つるつるつる……とはゆかない。ゆらゆら浮いた蕎麦はつまんだだけで切れて箸からすべり落ちる。それでもかき集めるとみごとにふわふわにのび切り、丼からそのまま飲み込める箸いらずだ。

「？？？？」

一同目を白黒。しかし焼干しダシのおつゆはたいへんおいしい。蕎麦というよりは、おすまし椀のようなものは瞬く間に食べ終わった。

シーン……。

「オレ、中華そば食べようかな」

同感、昼どきネクタイ客の「中華そば・にぎりまんま（おにぎり）セット」がうまそうだ。中華そばはめちゃくちゃおいしく、汁一滴まで飲み干した。


弘前駅前の宿に草鞋を脱ぎ、夕方あつまった。

「どうします？」ミホが聞く。

どうするって、酒飲みにゆくしかないが、あてにしていた居酒屋「しまや」は昨日電話したところ、女主人が腰を痛めて入院し、店は休業中だった。

およそ二十年前、弘前に初めて来て入ったしまやで、本物の津軽郷土料理を知り、その後も訪れ、今回ぜひ亀次・ミホを連れてゆきたく「芭蕉は行ってない論」をはねつけ、弘前まわりを強行した。しかし休みでは格好がつかない。

「で、どうしますか？」

居酒屋
イ 山水
ハ つがる
ニ しまや
BAR
ホ 侍庵
喫茶
ト 万茶ン
チ ひまわり
弘前城
追手門通り
津軽の白雪姫
ブラディタメノブ
傑作
三忠食堂
中華そば
北大通り
至・青森
JR弘前St
津軽三味線ライブハウス
山唄
みふ小路
中央弘前St
土淵川
どってん
バカ旨!
ほずぬ
あどはだり
ふき
至・大館 秋田
A 弘前公園
B 観光館
C 弘前昇天教会
D 青森銀行記念館
E 旧弘前市立図書館
F 旧東奥義塾外人教師館

くどくど言い訳したが問いは同じ。冷たい女だ。こんなとき亀次はいつも向こうに行き、空口笛だ。

まあ、次の手は考えてある。

津軽弘前は弘前城を擁する城下町。鉄砲町、鍛冶町、銅屋町、桶屋町、親方町、大工町などの町名に名残をのこすが、江戸や大阪とはちがう北国の質実簡素な町並は、基本は厳しい冬にあるとわからせる。

良さそうと思っていた居酒屋「山水」の小ぎれいな席に座りなんとなく杯を上げた。去年の初夏に江戸千住を出立して、はや冬の終わり、桜を待つ頃とはなったが、長旅の男ふたりと女ひとり。話もなくなった。

「ウドだな」

黄色鉢の「山うど酢味噌」は言うまでもなくウドだ。

「ニシンだな」

朱色高坏《たかつき》の「身欠きニシン煮」は言うまでもなくニシンだ。

「マグロとタコとウニだな」

ガラス皿の造り三種盛りはすべて西海岸（日本海）のものという。

「田酒《でんしゅ》だな」

青森名酒・田酒、お燗がうまい。

「だな、ばかりだな」

「そうだな」

ミホは介護老人を見る目だ。

「弘前の繁華街はどこですか？」

「鍛冶町です、飲み屋は昔三千軒と言われたそうです」

得体のしれない三人を見守っていた主人が、出番が来たかと答える。そうかのう。町はさほど明るくなく、そんなに飲み屋があるとも思えないが、つい大都会と比べてしまうからなのか。BGMの歌は何語かわからない。

「津軽弁でジャズを歌う伊藤君子さんです」

シャンソン歌手・秋田漣さんが一日二回歌う店「漣」もあるという。津軽弁のシャンソンはフランス語に似るだろう。

「フランス料理店も多いです」

レストラン山崎、ポルトブラン、シェ・アンジュ、ビストロ・ル・コショネ、ビ・サイド、ポワンルージュなど弘前には数十軒の本格フレンチレストランがあり、本になった店もある。バーも多く昨年の弘前カクテル・コンペティションは大成功をおさめたそうだ。

「ねぷただけじゃないんだ」

弘前を初めて訪れた亀次がぐびりと盃をあおった。

鍛冶町ちかく、「み」の字を四角で囲んだ「かくみ小路」のバー「侍庵」は「たいあん」と読む。京都山崎の千利休の茶室「待庵」の名を借りたが字までは恐れ多く、人偏の「侍」にした。白砂利に飛石のアプローチは茶室に向かうようだ。カウンターに立つマスター渡邊直人さんは、糊の利いた白シャツにネクタイ、黒ベスト、若いが落ち着いた雰囲気がある。かくみ小路は明治時代、三階建洋風建築で隆盛した「角み呉服店」が、鍛冶町の飲食店へ通じるように作った私道だが一般も通行した。呉服店は昭和に入って倒産、何年か後に火災ですべてがなくなり、かくみ小路だけが残ったという。

オリジナルですと奨められたカクテルは、りんごの里・弘前にちなんでりんごの発泡酒「シードル」を、岩木山ふもと収穫トマトのどろどろの一〇〇パーセントジュースで割り、ゴブレットグラスの縁に塩を廻したスノー・スタイル。紅白の塩は赤唐辛子を混ぜている。

「名前は」

「ブラディタメノブです」

「ん？」

タメノブとは戦国時代に津軽を統一した津軽為信のこと。同じトマトジュースのカクテル「ブラディマリー」はマリー・アントワネットのこと、蛤エキス入りトマトジュース・クラマトを使う「ブラディシーザー」はローマの英雄ジュリアス・シーザー、そしてこれは津軽藩祖・津軽為信。塩に混ぜた地産唐辛子「清水森ナンバ」は為信が京都から持ってきた唐辛子で最初は甘く、後半辛いという。

キュー……。

りんご酒シードルはアルコール五度と弱く、さっぱりした青りんごの香りと塩分は爽やかで、香ばしい刺激は甘く、やがてヒリリと辛く、これを風呂上りにぐーっとやったらさぞうまいだろう。

「これは傑作！」

絶賛にオレも私もと追加だ。

点々とした照明が落ち着く。壁の額〈悩むもの　尚　愉しむ〉は作家・伊集院静氏の書だ。

「へえ、ここに来たんだ」

「伊集院さんをご存知なんですか？」ミホが訊く。

「知らいでか」

伊集院氏は七星・亀次も参加する俳句結社・東京俳句倶楽部にしばらく所属し、例会も時々顔を出した。当時の奥様・夏目雅子さん（俳号・海童）とご一緒のときもあり、その大輪の美貌においらは俳句どころではなく、海童が拙句を天（一位）に抜いて筆したためた短冊は家宝だ。「ともかく美人」「あれ以上はない」二人が断言する。白血病で早世されて句会では追悼句を供え、しばらく後、伊集院氏は特製らしき漆塗りの短冊葛《つづ》籠《ら》を会員への礼とされた。

「東京俳句倶楽部は古いんですか？」

これには先輩亀次が答える。結成昭和五十年、すでに三十四年の歴史をもち、亀次はすぐに参加。おいらも二十年を越えた。月一度の句会には多士済々があつまり、歳納めの師走句会には年間優勝者に栄光の芭蕉杯が渡される。

「誰がいちばん多いですか？」

いい質問だと亀次が胸を張る。おいらはうなだれる。

「俳壇の評価はどうなんでしょう」

つまらぬ質問だと我々はいなし、俳句をわかる人間が減ったとごちた。

——おいらは二月、ＮＨＫ・ＢＳの『俳句王国』にゲスト出演した。招いたのはその回の主宰俳人・辻桃子氏。その昔、辻さんは弘前赴任となった新聞社勤務のご主人と、引っ越しの日に近くの居酒屋しまやに入った。そこで津軽の伝統家庭料理を知り、同時に先代おかみ・嶋谷きみさんが俳句を詠むことを知って、辻さん主宰の俳誌『童子』に誘った。おいらがしまやで飲んだことを書いた文を、きみさんが辻さんに見せ、辻さんはおいらの本をよく読んでくださっていて、このたびの俳句王国お招きとなった。

「では俳人の実績ではないのですね」

そういうことを言うな。番組の賑やかしは承知だ。亀次は三回も呼ばれておる。

「オレは実績だよ」

そういうことを言うな。

俳句王国句会は兼題句と自由題句の二句提出。句会は主宰（今回は辻桃子氏）一人、アシスタント女性一人、ゲスト一人（今回はおいら）、全国からの出場者五人の計八人で行い、作者を伏せ、自作を除いた一句を互選する。全員から選ばれると最高点七点、誰も選ばなければ零点。おいらは惨敗の一点。しかし唯一の選出者が辻先生であったのが救いで「これは太田さんの句でしたか」と言われた。

長話を聞いていたマスターが口を開いた。

「俳句の取材ですか」

「いや居酒屋。隣の『つがる』はどんな店？」
「隣は私の嫁の店です」
これはまた意外な展開となった。

北国の冬晴れの風に春の匂いがする。昨日あれから入った居酒屋「和《かず》」で「茄子と塩鯨の炒め」や、鮟鱇《あんこう》の身皮を肝と和えた「あんこうのとも和え」を肴に飲みながら、陽気なおかみさんに「津軽はいつの季節がいいの」と聞くと、「やっぱり春さー」と両手の拳を胸に肩を揺すり、身もだえして答えた。

弘前の春は桜とともにやってくる。弘前の満開の桜の下に吉永小百合が佇むJR東日本の大判ポスターをあちこちで見た。四月の桜まつりには夕飯を終えて、純粋な花見に出る。それも春の到来を確かめるように毎夜。やがて桜が散ると、畑にはりんごの白い花がいっせいに開き、下は黄色のタンポポの絨毯になる。「何もかもが生きてくる、体が生き返るさー」これがあるから冬のつらさも我慢できるとうなずく顔に、その時が間もなくやって来る喜びがあふれていた。

喫茶店「ひまわり」は二階吹き抜けが山荘風の懐かしい名曲喫茶。ショパンのポロネーズが朝の耳に心地よい。来る途中の「日本聖公会・弘前昇天教会」は大正九年、ジェームス・ガーディナー設計のゴシック様式で、赤煉瓦が朝日に映えて美しかった。弘前はモダンな町だ。

隣の五所川原（旧金木町）に生まれた太宰治は旧制弘前高等学校に進んだのち上京。作家になり〈富士山には月見草が似合う〉の名文句を吐いたが、弘前にはショパンが似合う。太宰は後年津軽半島を歩き名作『津軽』を書いた。冒頭は〈こな雪　つぶ雪　わた雪　みず雪　かた雪　ざらめ雪　こおり雪〉と並べた「津軽の雪」だ。朝、風花が舞っていたがあれは何雪だろうか。

そのまま弘前公園に歩いた。鉄砲町を過ぎると明治の洋風建築がいくつも建つ。木造総二階、頂上の装飾塔が優雅なルネッサンス風和洋折衷の青森銀行記念館（旧第五十九銀行）は、青森最初の銀行として明治三十七年、太宰の生家・斜陽館を建てた堀江佐吉が設計施工した。弘前出身の佐吉は津軽藩お抱え棟梁の五代目として、弘前の洋館のほとんどを手がけた。ほど近い追手門広場の三階建て旧弘前市立図書館は明治三十九年築。壁の白、窓枠の緑、双塔八角の赤屋根が美しい。旧東奥義塾・外人教師館はマントルピースの煉瓦煙突が北国らしい。戦災に遭わなかった弘前は明治大正の木造洋館、教会がよく残り、町にロマンチックな情感を生んでいる。

そして弘前は「ねぷた」、短い夏を惜しむように闇夜に極彩色絵巻が爆発する。市立観光館の太鼓は直径およそ四メートルの巨大なもので、太鼓の上に打ち手が乗る上下からの連打は地響きをおこすだろう。「藩祖出陣」と題した巨大な山車《だし》は、槍、ほら貝を従え駿馬で軍配を指す初代藩主・津軽為信。勇壮に目を剝く勢いは北国の荒ぶる気性を表して力強い。

歩いて弘前城へ。入口の追手門は騎馬のまま駆け抜けられる実戦用の堅固な造りだ。門戸にびっしりと打たれた握り拳のような鉄鋲は、ひんやりと、しかし古鉄の熱気を感じる。

広い城内は桜がぎっしり植えられるが、晩冬の薄日に蕾はまだ堅い。やがて濠にかかる下乗橋《げじょう》から三層天守閣を望む名所に立った。こここそ、白壁黒瓦の天守閣、朱塗りの橋、満開の桜の三つがそろった本邦随一の桜の名勝だが今は一輪もなく、ミホと亀次が淋しげにたたずむ。

「咲くとみごとでしょうね」

「うーん、絵になりすぎかな」

濠の土手の枯草の中に黄緑のフキノトウが一面に顔を出して可愛らしい。

弘前や花待つ土手の蕗の薹　七星

城内高台に立つと眼下一面に弘前の町が広がった。一望する北国の冬の空の青さよ！　広さよ！　正面の残雪美しい岩木山から風がここまで一直線に吹いてくるようだ。名山・岩木山は独立峰ゆえどこから見ても美しいと言われ、「誰もがわが家から見る岩木山が一番と言うが、それは間違い。オレの家のが一番」が弘前のひとくち笑い話だ。

春泥《しゅんでい》の轍《わだち》はそらへ津軽富士　亀次

ここが津軽。津軽はりんご。

〽津軽娘は泣いたとさ
つらい別れを泣いたとさ
りんごの花びらが
風に散ったよな　ああ

美空ひばりの名唱『リンゴ追分』は空で歌える。『幸福への招待』（一九四七年／高峰秀子)、『リンゴ園の少女』(五二年/美空ひばり)、『思春の泉』(五三年/左幸子)、『草を刈る娘』(六一年/吉永小百合)など、津軽を舞台にした映画をいくつも見て憧れの地になった。弘前に生まれた石坂洋次郎は弘前と横手の高等女学校で教鞭をとったのち、『若い人』『青い山脈』をはじめとする、古いモラルに反抗する率直な娘たちを描いてベストセラー作家となり、作品はほとんど映画化された。『石中先生行状記』(五〇年)は津軽の純朴な村男・三船敏郎と初々しい若山セツ子の組み合わせで、のんびりした田舎の夏を描いていた。

かくみ小路入口の「万茶ン」は昭和四年開業の東北最古の喫茶店で太宰治がよく通った。古いシャンデリアのさがる洋室は落ち着き、半袖半ズボンに下駄ばきの太宰が学生服の男と並ぶ写真が、さりげなく置かれ、石坂洋次郎の色紙もある。飾り気ない白カップのコーヒー「太宰ブレンド」は、北国の文学が香るようだ。ねぷたの熱気、洋館建設の進取、文学への傾斜、津軽はさまざまな顔を持つ。もしこの地に芭蕉来りせば、後の津軽に俳諧の文化を加えたかも知れない。

今宵も日が暮れ再びかくみ小路へ。向かうは居酒屋「つがる」。侍庵マスターの奥様の顔を見たい。

「いらっしゃいませ」

おかみさんは美人で声が明るい。この人かな、歳上かな。お通しのホッケの椀の熱いおつゆがおいしい。清潔な店は地元になじんでいる様子がうかがえる。

「昨日、隣の侍庵に入りました」

「あら、義理の息子よ」

なーんだ、お母さんだ。

「いい息子よ〜」ヒューズが飛んだといえば直し、何か動かすといえば手を貸し何でもやってくれる。娘と彼は店が隣同士とは知らずにつきあっていて、ある時わかり驚いて縁を感じたそうだ。

「お嫁さんは何時ごろ来ますか？」

「今は子供の世話で出てないの」

残念。ところが見せてもらったしゃれた大判の弘前タウン誌『ＴＥＫＵＴＥＫＵ』に写真が出ていた。特集「おけいこした〜い」に琴とフラダンス、またバーのカウンターと、衣裳を替えて大写しのモデル出演。たいへんな美人だ。

「美人！　お母さんに似てますね」

「そうかしら〜」

やるのう、侍庵マスター。今から行ってやろうか。

外に出ると鎌のような月が冴え冴えと晩冬の寒空に鋭い。

「さて、どうする」

「うーん……、そうだ！」

やって来たのは駅前の「津軽三味線ライブハウス・山唄」。「そうだよ、これ聞かなきゃ」と亀次はベンベンと弾く真似だ。弘前には津軽三味線ライブ店が四つあり山唄が最も古い。階段を上がった二階は木造で広く、カウンターと桟敷の先がステージで、背景の布幕がはるか高い天井まで豪快に届く。今は休憩時間らしく閑散。一杯やって演奏を待とう。机の津軽弁メニューがおもしろい。

〈こんこん〉は油揚だろうとわかるが〈ほずね・どってん・あどはだり・まりね・えふりこぎ・じゃましけもの・あずましい〉あたりは「?」だ。納豆に力を入れ〈きつね焼・おろし納豆・おかか納豆・白魚納豆〉など九種もある。〈ひとり娘〉とは何だろう。ようし、あてずっぽう注文でいこう。

米焼酎「津軽海峡」とお通しの蕗煮で待つことしばし、ぞろぞろ届いてきた。

〈あどはだり〉とは〈おねだり〉の意で、納豆・葱・おかか・白魚・大根おろし・しそ梅を混ぜるもの。

「ははあ、あれもこれもとおねだりだ」

〈どってん〉は〈びっくり〉の意で、茹でた葱にマヨネーズをかけてある。

「葱にマヨネーズで、びっくりしたのよ」なるほど。

〈あずましい〉は〈気持ちよい〉で、イカの味噌炒め・げそ付き。

「気持ちよいほどうまい、かな」

〈ひとり娘〉は、竹輪の胡麻味噌焼き。

「これはどうしてかしら」

年頃娘が欲しがる、とは言えない。

〈ほずね〉は〈バカ、脳タリン〉で、油揚と太葱の交互串刺しを焼いてある。

「こいつぁ、うまい！」

亀次が喜色の声をあげる。焼油揚と焼葱は相性よく、やめられない止まらないだ。

「コロンブスの卵だな」

「でも、意味は？」

「バカが考えた」

「うまくて食べ過ぎ、バカになる」

「弘前でほずねにどってんあどはだり」

「その心は、弘前で油揚と葱の串焼にびっくりしておねだり」

「どってんはひとり娘のあどはだり」

「その心は、ひとり娘のおねだりにびっくり」

「わはははは」

「フン！」ミホがそっぽを向く。

カウンター端に座っていたトレーナーの中年の男の人が、裸足の足に靴下をはき、サンダルばきでステージに上がった。この人がやるんだ。酒や料理を運んでいた若者二人も三味線を手に後につく。切株椅子に腰をおろしてチューニングを始め、簡単な挨拶があって、一曲め『津軽じょんがら節』が「ハイッ！」の掛け声で始まった。

ベン……ベン…ベン、ベン、ベンベンベンベン……。

久しぶりに聞く太棹津軽三味線。ゆっくり始まった合奏は次第にテンポを速め、強弱のリズムは一糸乱れず疾風のごとく走り怒濤の如く寄せ返し、「ウリャ」「アイッ」「ハッ」「ウーリャ」などの合の手が間髪を入れず差し込まれる。どっかと足を開いた三人は無念無想に目をつむり微動だにせず、太棹を素早く擦る左手、目にも止まらぬ速さを繰りかえす右手バチだけが動く。棹の根元を押さえた単高音の緊迫したスリリングな聴かせどころが無事終わると再び怒濤の大合奏。やがてひときわ高く「ベン」と鳴らして終わった。

パチパチパチ、ふう。息をもつかせない、この本州最北端の切羽つまった、煽り立てるような迫力が津軽三味線の醍醐味だ。

次は太鼓が入って、中年女性が民謡『津軽あいや節』を歌う。のびやかな郷愁をたたえた直立不動の熱唱に「アイー、アイ」と合の手が入る。合奏、民謡といくつかが続きステージが終わった。

戻ってきた中年の男の方・長峰健一さんは一九八四年津軽三味線全国大会のチャンピオンでA級（五年以上経験）保持者。本業は「長峰りんご園」の園長だ。アドリブソロをとった小湊忍さんは新潟出身の三十歳。切れ長の目の涼しい一番若い佐藤通芳さんは千葉県出身の二十二歳。二人ともここで働きながら稽古を続けている。ライブハウス山唄はさきほど太鼓を叩いた女性、津軽民謡界最高峰といわれる福士りつさんが始め、入口には三橋美智也と写真が並ぶ古いポスターがあった。

「よかったよ、津軽に来た気がした」

蔵を改造した「チェリーズバー」のカウンターで亀次がもらした。冷たいジントニックが余韻をこころよく鎮める。バーテンダーの中松久二さんは大阪に八年、東京に十七年、津軽に二十一年住み、ここが一番気に入ったそうだ。津軽は人が温かく四季に色がある。とくに春。白、黄緑、ピンク、黄色と変わる自然の色はすばらしいと言う目が清らかだ。

「おいしいわ」

ミホがにっこりするカクテルは来年の弘前カクテル・コンペティションに考えている作品で、材料はアップルブランデー、葉取らずりんご、コアントロー、レモンジュース。名は「津軽の白雪姫」。ひとくちいただくと甘酸っぱさの奥に津軽娘の純情が潜むようだ。「できた」亀次が手帖を見せた。

春愁や撥《ばち》をぶつけるあいや節　亀次

山唄で聞いた民謡は全く歌詞が判らなかったが、いただいた津軽三味線全国大会プログラムに詞が出ていた。

津軽じょんがら節
〽春は津軽の畑一面に
りんごまるめろ　いと花盛り

眠る蝶々と野に啼くひばり
〽土手の柳も若萌えきざし
里のわらべの　のどかな小唄
げにや春風また軽々と

津軽あいや節

〽アイヤ　津軽娘に蝶々がとまる
とまる筈だよ　ソレモヨイヤ　花じゃもの
〽アイヤ　姿うるわし岩木の山が
津軽平野の　ソレモヨイヤ　守り神
〽アイヤ　唄がきこえる津軽の唄が
よされじょんから　ソレモヨイヤ　あいや節

唄がきこえる津軽の唄が……。津軽平野の郷愁あふれる、なんとよい詞だろう。芭蕉ならばどんな句に詠んだか。やはり旅はしてみるもの、風土の息吹は俳諧の道を深めてくれるにちがいない。

「津軽、来てよかったわ」

頬を染めたミホは、津軽の白雪姫になっていた。

花《はな》りんご津軽《つがる》の空《そら》の碧《あお》の濃《こ》さ　七星

酔《よ》いどれと瞽女《ごぜ》が路《みち》ゆく朧《おぼろ》かな　亀次

八 秋田

おらが秋田は美人の出どこお米にお酒に秋田杉

さてその美人は何処にありや

季節の移ろいは早いもの。秋田に歩き着いた首筋に小汗をおぼえるようになった。〈東北の横綱　秋田市民市場〉の大看板に引かれて入った場内は鮮魚、精肉、総菜、乾物、生花、荒物、衣類、履物、クリーニング、薬、整体などあらゆる店がそろい、いまは初夏だが、寒さ厳しい冬にはここひとつで生活の用が足りる北国の暮らしを思わせる。

この季節に目を奪われるのは八百屋の緑あざやかな山菜だ。ワラビ、コゴミ、フキ、山ウド、ネマガリタケ、ゼンマイ、ミズ、コシアブラ、シドケ、サシボ、ウルイ、ホンナ、アイコ、ヒデコ。魚屋には生ニシン、タラコ、八郎潟ワカサギ、天然ホヤ、ホタテ、ガサエビ、沢ガニ、フジツボ、地物タニシに早くも鮎も出ている。ハタハタ〈大サービス一〇尾・五〇〇円〉は安い。

「今夜はこれで一杯か、たまんねえな」

「秋田は酒もいい」

相好を崩すのは七星と亀次だ。平成の芭蕉・曾良を名のり旅立ったおくのほそ道・俳道修行はいつしか、みちのく味の旅に変わり、まず足を運んだのは生鮮市場であった。

「こんちは」

夕方、秋田に名高い居酒屋「酒盃《しゆはい》」へ。武家屋敷のような三和土《たたき》で履物を脱いで板の間に上がり、座敷を背に床座りカウンターに腰をおろした。磨かれた室内は古簞笥、漆の大板戸、衝立が重厚に艶光りし、光を当てた野花が美しい。

「すてきねえ」

七星・亀次監視役の女編集者ミホがうっとりする。詩歌好きの読者をつかむかもしれないと始めた俳句紀行も、俳句は期待されなくなったらしく、最近ミホもうるさいことは言わなくなった。

「何が美味しいのかしら」

関心はもっぱらこちらのようだ。

「いらっしゃい」

迎える主人・沖口さんとおいらは旧知の仲。未練がましく（シツレイ）残していた髪も今はさっぱりと剃りあげ、鯉口半袖の料理人らしい太い腕とあいまって、むしろ若くなった。ミホは名刺をさし出し、遠慮がちに連載の趣旨を話すと「太田さんが俳句ですか」と怪訝な反応だ。まあいい。

「お」、当店名物、六種の小皿が並ぶ箱膳に亀次がにっこりする。煮つぶ貝（コクねっとり）、身欠きにしん山葵《わさび》漬（ツン辛）、蛸頭の梅肉和え（さっぱりホロリ）、比内鶏モツ煮（旨みこっくり）、ミズ辛子醬油漬（シャキねっとり）、ホンナお浸し（香りツン）。それぞれの味の違いが楽しい。

山菜ホンナは正式名ヨブスマソウ、コゴミ（クサソテツ）、ミズ（ウワバミソウ）、アイコ（ミヤマイラクサ）、ヒデコ（シオデ）、シドケ（モミジガサ）。山菜の本を見ながら沖口さんが解説してくれる。今年は雪解けが早く山菜の出も早い。ワラビとタケノコが出たら山菜は終わりなのだそうだ。

すすめられた酒「五風十雨」の人肌燗がうまい。名前の由来は、五日に一回風が、十日に一回雨があれば作物はよく育つという中国の言葉。秋田の酒の名はおもしろく「ふりむけば鳥海」は夏のきつい田の草取りの最中、腰を伸ばして振りむくと鳥海山がきれいだったことからつけたとか。

「田身《たみ》の酒、とは何ですか？」

イ
市役所
赤レンガ館通り
竿燈大通
旭
大手町通り
広小路
秋田St
BANK
秋田県庁
すずらん通り
HOTEL
川
中央通り
新国道
イ 酒盃
川反通り
ロ
市民市場
ロ 北洲
至象潟
ハ
きりたんぽ
鯨と茄子
白魚とジュンサイ
イカごろ
秋田美人御推奨!
おすすめ 貝焼 三品
Bar in Kawabata
A レディ B バー1980
C コルク・ラウンジ
そば処 ハ 紀文

ガラス保冷庫にならぶ瓶を見てミホが質問した。沖口さん答えていわく。「民」はもともと「田身」と書き「田を耕す身」の意で「米を作る身」のこと。その純米吟醸生は搗きたての餅のような柔らかさがある。「お米だよー、と呼んでるみたいでしょう」と沖口さんの言う通りだ。

当店名物は「貝焼《かやき》」だ。秋田は昔から一年中、小鍋立てをする。「きゃふろ」という小さなコンロに出汁の出る帆立の貝殻で煮るのが本格だ。夕餉には一家の家父長だけにこれがつき、男児も大きくなると出る。材料はなんでもよく、簡単にはイカ塩辛に葱・大根おろしで一品に仕立てる。昔品書きに「塩辛貝焼」と書いて店に出したら、客に「塩辛貝とはどんな貝ですか」と聞かれたそうだ。

まかせなさいとおいらはそれぞれの貝焼を決めた。イカ好きの亀次には「イカごろ貝焼」。貝殻のイカ・ゲソ・肝・葱がふつふつ煮えてくるとイカわたの匂いが強烈に立ち上り「うまい、ものすごくうまい」と亀次がうなる。ミホには上品な「白魚と蓴菜《じゅんさい》の貝焼」。しょっつる出汁に、大きな白魚と透明膜に包まれた緑の蓴菜は美しく、ゆるくとじた卵の黄色がからみ、女性必殺の名小鍋だ。おいらの「鯨と茄子の貝焼」は秋田の夏のスタミナ補給の定番で、茄子と塩鯨を薄い味噌で煮る。昔は単に「茄子貝焼」と言ったが、塩鯨が高価になり「鯨と茄子の貝焼」と主役が逆転したそうだ。

互いの貝焼に箸を出しあって酒がすすむ。広く浅い帆立貝殻は汁が煮えたぎっても、こぼれそうでこぼれない。小鍋で腹もふくらんだ。

「秋田人はどんな気質ですか？」

「男は控えめ、女は美人、ですか」

「そうだ、秋田美人！」

「美人で優しいとも言われます」

東北秋田は美人県として知られ、〈おらが秋田は美人の出どこ　お米にお酒　秋田杉〉は秋田不滅の名キャッチコピー。「女学生なんかきれいですよー」と沖口さんは率直だ。

「今日いたかな」

「まだ、いない」

「どう思う、ミホ」

「知らないわよ」

にべもなく、ぐびりと盃を干す。

「お！　忘れてた」

おいらが袋から取り出したのは、市場で買った山菜だ。

「すみませんが、これ食べてみたい」

「サシボですね」

サシボ（指し穂）はイタドリ（虎杖）の新芽で、鳥海山で採れるものは別名「鳥海アスパラ」と言うそうだ。

「太田さん、いいもの買いましたね。今ごろはかなり山奥の、残雪のあたりまで行かないと採れません」

やがて届いた天ぷらに塩をひとつまみ振って口へ。ぬる味、甘味、苦味、酸味。山菜のすべてを集めたような味わいは、遠い山の「気」を伝え、人工では決してできない味だった。

「いい店だったねえ」

亀次がすっかりご機嫌だ。先日の弘前では目当ての居酒屋が休みで面目を欠いたおいらは、ひとまずホッとする。天ぷらの後も「比内鶏刺身」、秋田の酒はこれがないと始まりませんという「がっこ盛り合わせ」で大いに飲んだ。「がっこ」は漬物の総称で茄子は「茄子がっこ」、胡瓜は「胡瓜がっこ」、燻製は「いぶりがっこ」だ。

酒盃を出ると竿燈《かんとう》大通りが広い。夏の竿燈まつりはここで行い、東北三大夏祭ツアーの大型バスが駐車場を埋める。ぶらぶら歩く頬に夜風が心地よく、向こうからカップルがやって来た。

「秋田美人かな」

「あんなのだめよ」

わりあい美人と思うがミホの評価はきつい。自転車帰りは女学生だ。

「あれは?」

「まだまだ」

そうかあ。

向かっているのは東北一の飲み屋街・川反《かわばた》通りだ。市内を貫流する旭川に沿って続く料亭、居酒屋は官官接待自粛で灯が消えたと言われたが、今日見るかぎり新しい店が増え、活気が増したようだ。昭和三十九年開店の「レディ」は秋田一の古いバーで当時ヒットした映画『マイ・フェア・レディ』から名をつけた。酒盃の沖口さんはここの厨房から東京の名門バーに入り修業、日本酒が好きで、戻った秋田で居酒屋を開いたと聞いた。

つめたいジントニックが喉を洗う。ハイボールをぐーっとやった亀次がふうと息を吐く。ミホは背筋を伸ばしモヒートを半分一気。お酒は強いですと広言しているがますます強くなったようだ。

笑顔の素敵な白髪マスターは、何か話しましょうよという顔つきだ。

「川反通りはそもそも何で賑わったんですか？」

「鉱山です」

秋田は尾去沢鉱山など地下鉱脈が豊富で、小坂鉱山には労働者慰安の歌舞伎を上演できる芝居小屋・康楽館もあった。川反通りは芸者百二十人、半玉も入れると二百人の芸妓がいた。日本唯一の鉱山専門学校は、出ると確実に鉱山関係に就職できると人気が高かったが、若い学生が芸者にのぼせ上がり一緒に満洲へ逃げた話もいくつもあったそうだ。昭和四十年代、帝国石油秋田鉱業所長の年収は県知事より多く、いくつもある帝石の下請け会社のキャバレー借り切りの大宴会は毎度のこと。石油、林業、鉱業関係者で賑わう川反通りは男っぽい活気にあふれた。マイ・フェア・秋田美人は何処に……。

羽越本線・象潟《きさかた》は秋田からおよそ一時間。右は日本海が沿い、左はるかに鳥海山がそびえる。

芭蕉・曾良は元禄二年六月十六日（一六八九年陽暦八月一日）象潟に到着した。この地はおくのほそ道の最も大きな目的地。自らの俳諧世界を確立する旅に先人の歌枕はなによりも重要で、敬愛する能因法師、次いで西行法師も訪れた地・象潟を踏むことは必定だった。当時の象潟は波静かな入江に九十九島八十八潟を数える、松島と並ぶ景勝の地だったが文化元年（一八〇四）の大地震で海底が二・四メートル隆起して陸地となり、かつての九十九島は今は平地の小山になった。小山は象潟島、弁天島、蓬仙島、駒留島など昔の島名で残る。新しくできた土地は田んぼに拓《ひら》かれ、今は早苗が風にそよぐが、田植え前の水田に映る島影はかつての風景を思わせることだろう。

芭蕉が象潟に着いた日は雨。

〈汐風真砂を吹上《ふきあげ》、雨朦朧として鳥海の山かくる。闇中に莫作して「雨も又奇なり」とせば、雨後の晴色又頼母《たのも》敷《しき》と、蜑《あま》の苫屋《とまや》に膝を入れて、雨の晴を待〉

翌日は晴れた。

〈其朝《あした》天能霽《よくはれ》て、朝日花やかにさし出る程に、象潟に舟を浮かぶ〉

芭蕉は舟で象潟に乗り出し、能因法師が三年幽居したという能因島を訪ね、舟から上がり蚶満寺《かんまんじ》（作品では干満珠寺）から景色を眺める。

〈此寺の方丈に座して簾を捲《まけ》ば、風景一眼の中に尽て、南に鳥海、天をさゝえ、其陰うつりて江にあり〉

〈江の縦横一里ばかり、俤《おもかげ》松島にかよひて、又異なり。松島は笑ふが如く、象潟はうらむがごとし。寂しさに悲しみをくはえて、地勢魂をなやますに似たり〉

島々の景観美を、松島は笑うが如く、象潟はうらむがごとくと、美女の笑顔と愁い顔に詠み分けている。古刹・蚶満寺は舟繋ぎ石が残り、芭蕉の銅像もある。ちなみに「蚶」は今でも田から出てくる蚶《きさ》という貝。蚶のいる潟で「きさかた」。それが「象潟」になった。

境内の新旧二つの芭蕉句碑の古い方は芭蕉七十年忌の宝暦十三年（一七六三）、新しいのはおくのほそ道三百年の平成元年（一九八九）の建立だ。

象潟や雨に西施《せいし》がねぶの花

「雨」は到着日の雨。「西施」は中国四大美女の一人で、春秋時代、呉・越の両国は興亡を争い、越王は美女西施を呉王に献じて心を乱し、呉国を滅ぼした。北宋の詩人・蘇東坡は、西施を杭州の景勝地西湖になぞらえて詠み、芭蕉はその詩を胸に雨に煙る象潟の風景に西施を重ねた。ねぶの花は象潟に多い合歓《ねむ》の木で、芭蕉到着の六〜七月に赤い花を咲かす。

――象潟の雨に濡れる合歓の花は愁いに沈む越国の美女西施のようだ。松島では景勝に負けたか一句も詠めなかった芭蕉は、満を持して象潟を訪れ、万全の豪華な設定で象潟を詠み官能的な境地にも達している。さらに一句。

汐越や鶴はぎ濡れて海涼し

――浅瀬に下りた鶴が脛を濡らして遊んでいる。到着日の雨、翌日の晴れ、史伝を詠込む技巧と、素朴な豪放。この二句をもって芭蕉はおくのほそ道の極北と定めたのだろう。以降これより北へ行くことはなく、日本海沿いを南下する。

雇ったタクシーは水田を抜けてぐんぐん鳥海山に近づいてゆく。「運転手さんちょっと止めて」亀次が声をあげ、三人は外に出た。

標高二二三六メートル。紺青の空を背にした独立峰鳥海山は山陰に雪を残し、ゆるやかに広がるすそ野は雄大そのものだ。「空気がおいしい」ミホは手を広げて深呼吸だ。

向かうは名勝・奈曾の白滝。山あいに車を待たせ、杣道《そまみち》に下りて吊橋を渡ると轟々たる瀑音が聞こえ始め、金峯神社崖下の観瀑台から滝は眼前に迫った。落差二十六メートル。緑に包まれて大水量がただ轟々と落ち続ける。

滝飛沫《しぶき》かかりて藤の房は揺れ　七星

白滝や万緑の峡《かい》真っ二つ　亀次

さらに奥の山あいで車は止まった。このあたりが鳥海山伏流水の源流という。「ここからは歩きで行がねば」熊も出るで、わははの声を後に鬱蒼たる杉の森に入った。木立を縫って射す太陽の光が原生林の巨大な羊歯《しだ》を照らし出す。古竹の筧《かけい》の水はや鉱質を感じてたいへんおいしい。

空気がひんやりしてくると元滝に出た。雪解けの伏流水が絹織物をほどいたように枝分かれし、岩肌を伝い流れて涼やかに瀬音をたてる。奈曾の豪放な男滝と対照的にしめやかな女滝は、マイナスイオンを含むという空気に神秘を感じ、山の精が宿るようだ。無言の三人はしばし岩に腰をおろした。

「いい所ねえ」

「うん、いい所だ」

夜の遅い仕事を続ける編集者ミホ。同じく夜な夜な払暁まで絵筆を濡らす画伯亀次には別世界なのだろう。

「おにぎり持ってくればよかったわ」
まったくだ。ここで食べるおにぎりはさぞうまいに違いない。

岩を食みやがて去りゆく滝の水　七星

山路来て小さき虹や岩の滝　七星

合掌の掌で戴けり奈曾清水　亀次

元滝の清水で編める玻璃簾《はりすだれ》　亀次

夜の川反通りは紅灯ともり流し歩きの気分がつのる。男二人に女が一人。流転の一座は亀次のハモニカにミホの水芸、おいらの口上か。知らない店に入ってみたい気もするが、さて迷い、なじみの「北洲《ほくしゅう》」へ。川反一、二の古い構えに、炉端のきりたんぽ鍋を世話する姉さんかぶりモンペ姿の素朴な絵がいい。窓から旭川を見下ろす座敷に座ると、対岸の夕暮れ道を自転車の女学生が帰ってゆく。秋田美人はいずこにありや。

「太田さん、ビールは瓶ですか生ですか」

流転旅のロマンにひたるおいらをミホの鋭い声が現実に戻した。

「び、びん」

ガシャ、ングングング……。おなじみの儀式。旅役者もこんなものだろう。

花莫蓙に旅の役者は着替えたり　七星

昔の拙句を思い出す。舞台を終えた役者は土地の有力者と宴のあと、示し合わせた村娘と暗い所へ……。

「太田さん、お料理は何にしますか」

「あ、はい」

ネマガリタケの焼けた皮をアチアチと剝き、ほわりと湯気を上げる淡竹《はちく》を生味噌でがぶりとやる。男鹿産岩牡蠣はずしりと重く、荒々しい殻と対照的に内側の滑らかな一室に横たわる生牡蠣はぬらりと官能的だ。酒は「刈穂」吟醸冷やのコップ酒。これも米どころらしいいい名前。ハタハタ焼はつるりと身離れよく大根おろしが合う。お目当て「ハタハタしょっつる鍋」の具は、生ハタハタ、豆腐、白滝、春菊、葱、白菜。ぐつぐつしてきたいい匂いに、やはり秋田は鍋、夏も鍋だ。「いか鍋」はワタをきかせ、しんみりと貧乏臭い味わいが、尾羽打ち枯らして流れゆく男女にぴったりだ。苦労かけるな。いいのよ、ゲソあげる。

「太田さん、きりたんぽ食べますか」

「た、たべる」

ミホがまた呼び戻す。現実主義の女だ。

つきっきりで世話してくれるおかみさんがいい。しばらく来なかったおいらを憶えてくれていた。おいらも若ければ深い仲になって（コラッ）。

「きりたんぽはマタギの弁当なんです」

おかみさんはきりたんぽ発祥の大館出身。秋田のほとんどの店は冷凍きりたんぽで鍋にするが、北洲では毎日ご飯を炊いて半殺しに搗き、杉串に抱かせて焼く。一日十本しか出来ないが、本物を伝えるため、マタギの弁当であるきりたんぽ自体を食べる味噌焼もやる。それではといただいた「味噌つきたんぽ」は、一センチ角の杉棒に、長さ二〇センチのたんぽを抱かせ、計三〇センチの堂々たる逸物だ。じっくり炙《あぶ》った外側はみしりと堅いが中はほんわり。

先代が「きりたんぽは餅ではない、ご飯だ」と伝え、米は粘りの強いあきたこまちよりもササニシキが合う。逆に既成の焼かないきりたんぽは鍋に入れるとすぐ崩れ、ある客が「土産には最初から入れると崩れますと書いてある」と言うので「まあ、みてなさい」と入れて見せた。しょっつる（塩魚汁）はハタハタなど海のものに合い、きりたんぽは山のものと比内鶏の出汁が決まりだ。

さあ「きりたんぽ鍋」がぐつぐつしてきた。比内鶏出汁の醬油味に絶対欠かせないのがセリ。キノコは今日は舞茸だが金茸、銀茸が最高。さらに笹掻きゴボウと今が時期のサシビロ（分葱《わけぎ》）、そして鶏肉と白滝。まさに山のものばかり。

ハフ、ハフ、ハフ……、うまさに箸が止まらない。

北洲は先代が屋台から始めて今年創業五十七年。三代目の藤嶋武春さんはあまり飲めないが、奥さんの壽江さんは「わりといけます、酒盃に行ってみたいです」と言うのがいい。チェックの割烹着、豹柄のソックスがチャーミングな、とつとつとした話し方に親近感がわいた。

「あー、よかった！」店を出た亀次の大声が、三人の気持を表した。

再び川反通りをぶらぶら。秋田には良いバーがたくさんある。今のバー隆盛をつくったのは平成十七年、四十九歳で早世した名バーテンダー黒坂明さんだ。おいらは十数年前、彼の店「クロ&フレンディ」に入り、快男児然とした魅力にすっかりひきこまれた。バー「1980」は黒坂さんの二軒目、「1996」は三軒目の店だ。「1980」には名女性バーテンダー三浦真由美さんがいる。

「三浦は今日休みなんですよ」

あちゃー。すまなそうだがあまりしょげては店長に失礼。店長・横井正剛さんは日本バーテンダー協会秋田支部・副支部長の実力者。落ち着いた物腰は洗練されている。ジントニックは四角な棒状氷を縦に一本入れる浜松スタイル。なぜか浜松はこのやり方が多い。

「へー、それは知りません」

「いや、ぼくが言ってるだけ」

広いカウンター、バックバーの素朴な木組みがいい。ここは黒坂さんがバーテンダーを志した一九八〇年にちなみ、初心に帰るつもりで作ったそうだ。

「試してみます?」と誘われたのは、映画『釣りキチ三平』制作記念カクテル「夜泣谷」。若手バーテンダーの創作で、漫画原作者・矢口高雄さんの公認もとり今年六月のカクテルパーティーで披露するという。材料は日本酒・抹茶リキュール・レモンジュース。

カシャッカシャッカシャッ。横井さんのシェイクは初めはストロークが長く、後半はアップテンポ、泡立つ緑の一杯をカクテルグラスに注いだ。

ツイー……。

「ちょっと甘いな」

「ははは、そうですね」

「七星さん、みてよ」

亀次が取り出した紙には筆ペンで俳句が清書されている。本日の清遊はまことに作句にふさわしく、次々に想が湧いたとみえる。

象潟に目醒めて淡しねぶの花

象潟や田毎《たごと》島置く夏初《はじ》め

象潟や植田にひかる脛《はぎ》の泥

海に鳥象潟に夏来たりけり

青田《あおた》風《かぜ》象潟九十九島かな

潮ひいて沖の夕凪《ゆうなぎ》蚶満寺

うーん……いい。〈ねぶの花〉〈脛の泥〉は芭蕉句に、〈海に鳥〉は鳥海山に寄せたのだろう。どれも古雅な風格を持つのが亀次らしく、東京俳句倶楽部「芭蕉杯」四度獲得は伊達ではない。「おみごとです」ミホも感服して何度も読み返し、亀次は「まあね」と言うように肩を左右に揺すってウィスキーをぐーっと飲んだ。肩を揺するのはご機嫌のしるしだ。

「七星さんは？」

オレか、オレはだめだ。オレはツイーが精いっぱいだ。

「もう一軒いってみましょうよ」

久々に俳句連載らしいのを喜んだかミホがご機嫌だ。ではここ。すぐ前の「コルク・ラウンジ」の階段を上った。

ラウンジの名のとおり、豪華なシャンデリアに、ハイバックの革張り椅子がゆったり置かれ、奥は重そうな緑のカーテンを金のロープで巻いた別室だ。カウンターもボトルの並ぶ正面棚もすべて秋田杉の無垢で、木の香りがすごい。豪華と本格を兼ね備えた構えの大きいバーだ。

しかし！　三人は一点に目が集中した。カウンター内に一人立つ小顔の丸顔にポニーテール、清楚な白ブラウスに黒ベストの若い女性バーテンダーだ。声には出せないが「秋田美人がいた！」の興奮が三人を硬直させる。

「ビ、ビール」「ぼくも」「わたしも」

どうも落ち着いて注文できない。

「地ビールの川反ラガーもございます」

「あ、それ」「ぼくも」「わたしも」

シーン。じっくりと注ぐ手つきを見るが本心は顔を見たい。空いた瓶を置きに行った隙にミホにささやいた。

「どう？」

「すごいわ、しょこたんなんて問題じゃない。珍しいくらいかわいい子」

辛口のミホが手放しだ。しょこたんは知らないがお顔は夏目雅子と瓜ふたつ。襟足とくに耳の下がとてもきれいだ（そんなところも見ました）。「亀次、スケッチ」「う、うん」筆ペンの手がぶるぶる震えている。しっかりシロ！

その石黒さん（名前聞きました）は、秋田市隣りナントカ町（アガって憶えられず）出身の正真正銘の秋田美人でバーテンダー歴四年。ここの店長が今日休みでピンチヒッターとか。この人のカクテルをぜひ飲んでみたい。

「サイドカーを願います」

「かしこまりました」

きゃしゃな白い腕にコアントローの角瓶が重そうだ。やがてシェイカーを手に、横向きに立った。

シャクシャクシャクシャク。一心な目つき、上下のゆるやかなストロークはバレーボールのトスのごとく若々しい。

ツイー……。

「エレガントなサイドカーですね」

「ありがとうございます」

そこでおいらと正面に目が合った。

十二時を回った川反通りは人が増えている。

「いたねー、秋田美人。終わった、秋田の巻はぜんぶ終わった」亀次の顔が上気している。「名刺もらったかしら、ひっく」ミホがバッグを探る（もらってなかった）。「ようし突入」めざすは夜の川反で人気のそば処「紀文」。

つるつるつる。名物のラーメン「千秋麵」はとてもおいしく、仕事を終えたホステスさんたちも皆これだ。

「七星さんや、旅はいいなし」

「亀次さんや、まったくだなし」

「ミホ、これからもよろしくなし」

「いいわよ！」

ミホがにっこりと笑った。

川反《かわばた》の蛍《ほたる》よわれにのみ光《ひか》れ　七星

竿灯《かんとう》の灯《ひ》も弓《ゆみ》なりに夏《なつ》の月《つき》　亀次

九　鶴岡

舟唄ながれ水ながれ俳句は詠めず最上川
ままよと酒田のワンタンメン

芭蕉師の足跡を訪ね、みちのくに旅立ってはや一年余。俳道いまだしなれど旅装束ばかりは定まってきた。黒ポロシャツ黒ズボン（いずれもユニクロ）に健康サンダルは七星。白シャツ外出しジーンズ（ブランド不明）に黒メガネは亀次。風体怪しく、折々に手帳になにか書きつけ（俳句ですが）、写真を撮る（挿絵用ですが）様は地上げ屋の三下か、温泉掘りの山師が関の山だ。

「よろしくお願いします」

ぺこりと頭を下げるうら若い青年は、小説本誌の特集で編集部に呼び戻されたミホに代わり派遣されてきた新人だ。

「名は？」

「長谷川恭平です」

ハセキョーか。

「派遣?」

「正社員です」

ミホの話では小説誌十五年ぶりの新人採用で優秀だそうだ。酒を飲めるか確認すると

「いけます」と断言していたが、怪しげな野郎三人ではいささか人目も変わってこよう。まあ仕方がない。

「行くぞ」

「はい」

素直だ。

俳紀行おくのほそ道をゆく芭蕉・曾良は、山形の立石寺《りつしやくじ》参拝をすませ、大石田、新庄を経て最上川を下り、酒田に来た。

居酒屋おくのほそ道をゆく七星・亀次は、山形の立石寺参拝をすませ、盛岡、弘前、秋田を経て酒田に来た。

酒田こそワンタンメンの王国と椎名誠さんの本で読んだ。酒田市麵類食堂組合には二十七の店が加盟し「自家製麵比率日本一」。店名は月系(満月、新月、三日月軒、隆月、↘月《ちょんげつ》)が多い。タクシーで運転手に聞いてみた。

「なんで月が多いの？」

「さあ」

「臨月はないの？」

「ぶははは、ないですねー」

「あと一週間で開店、とか」

「生まれました！　新ワンタンメン」

「名は、椀太」

くだらない会話に前座席に座るハセキョーは笑わない。椎名さんいち押しの「めん類専門　川柳」のワンタン皮は腰の強い超薄で新聞紙が透けて見えるという。中華、うどん、蕎麦関連がずらりと並び、ワンタンメンはその中のひとつだ。

「ワンタンメン」

「ワンタンメン、君は？」

「えーと……冷やしラーメン」

ふーん、何を食べようと自由だが。

届いた丼は、なみなみの汁に麺、ワンタン、チャーシュー二枚と支那竹に葱が散る。割箸で掬い上げたワンタンの、ハンカチをつまみ上げたような大きさに仰天した。おつ

至新潟
至酒田
JR鶴岡St
蕎麦福
海坂藩
HOTEL
NHK
川柳食堂
酒田
久村の酒場
おくりびとの町
うどがわら胡瓜
日枝神社
長山重行邸跡
おおいずみばし
鶴岡公園
市役所
みゆきばし
藩校致道館
川端通り
銀座通り
昭和通り
内川
いな舟
イ
ロ
おぐ
民田茄子
だだちゃ豆
ご存知!
岩ガキ
お魚三品
鰈
小鯛
冷やっこいの

ゆでぐっしょり濡れて具が透け、箸に重いが破れはしない。

ずるずるずる。

まさに雲を呑む。「雲呑《ワンタン》」は皮が命というがその通りだ。熱いおつゆはあっさり醤油にコク奥深く一滴も残したくない。ふとハセキョーの冷やしラーメンを見ると氷の浮いたおつゆに胡瓜とミニトマトが冷えびえと泳ぐ。クールな奴なのか。「こりゃあ、うまい」ご機嫌の証拠に亀次の肩が揺れる。確かにワンタンメンがここまで高みに至るとはおそるべし。きれいに平らげた我々に店のおばさんが満足そうだ。

「あんたたちどこから来たの？」

「東京から川柳のワンタンメン食べに」

「まあ、ほほほ、そういう人いたわよ」

「体が大きかったでしょう」

「そうねえ、そうだったわ」

「明日は酒田の盆踊りよ」見送りの言葉を後に、おくのほそ道がなぜワンタンメンをといぶかしげなハセキョーの視線をちらりと感じて店を出た。

鶴岡に宿をとり、ひとしきり横に。旅の疲れはこうして横になるのが一番だ。もう盆か。こんなことしてないで先祖の墓掃除くらいしなければ、巡る六部は故郷を目指す、むにゃむにゃ……。

ぐっすり眠りこけて遅くなった。今夜は料理屋「いな舟」を予約してある。黒のユニクロを脱ぎ捨て派手なアロハに。昼は忍者、夜は遊び人てか。

「こんばんは」

「ようきたのう、もっけだのう」

「いらっしゃいませ」

鶴岡言葉は若女将の貴子《あつこ》さん、律義な迎えは名人板前の伊藤さん。「もっけだのう」は「ありがとう」。

「先生、今回の鶴岡はなんでしのう」

「俳句……いやまあ、ごにょごにょ」

適当にごまかして経木墨書の品書きを見る。〈造り〉鯛、鮃、鱸《すずき》、羽太《はた》、鯒《こち》。〈焼物〉鰈、小鯛、天口《てんこ》……。羽太は藻魚《もいお》とも言う円正《マコ》カレイ、九州日出《ひじ》の有名な城下《しろした》カレイと同じもの。天口はメバル、小鯛は幼い夏鯛で、この時期は梅雨天口、梅雨鯛と言う。お通しは言わずもがな枝豆の名品「だだちゃ豆」だが、まだまだ早生《わせ》で本当の味になるのはカッと太陽を浴びた八月中旬からと言う。

寒い冬と暑い夏のある庄内平野は春の孟宗汁・山菜、夏のだだちゃ豆・岩牡蠣、秋の口細カレイ・温海《あつみ》かぶ、冬の寒鱈《どんがら》汁など、一年中、順繰りに食べるものがあるから、ほんの一、二週間の旬しか食べず、いつまでも店に出すと「まだ出しとるのか」と叱られるそうだ。

豪華な九谷皿の羽太刺身の味の濃さ。岩牡蠣は殻がなかなか開かず、最後はメリメリと力技。身は殻から想像するよりはるかに大物だ。梅雨があけると鳥海山の伏流水が海に流れ込み牡蠣に養分を与える。そのひんやりと濃厚なコク。何を食べてもその時季最高の充実した旨味がのっている。

亀次の待望は民田《みんでん》茄子だ。亀次は鶴岡の生んだ作家・藤沢周平の大ファンで、作品に登場する庄内の食べ物、とりわけ民田茄子に憧れをもっていた。

――「おお、小茄子の塩漬け、しなび大根の糠漬けか」

又八郎は、箸をおろして夢みるような眼つきになった。(『用心棒日月抄・孤剣』)

染付皿に盛ったころりとした丸茄子は氷塊が添えられ涼しげだ。茄子は三百年以上前に京の宮大工が伝え、民田の土でこの味になったという。水をかけて皮が堅くなるのを防ぎ、藤沢の名作『蟬しぐれ』に若い文四郎が朝夕茄子に水やりする描写がある。

カプリ……。

しなやかな皮を破った実はよく締まり、清冽な味がみずみずしい。箸を持ったまま目を閉じた亀次はウンウンと顎を振り、確かめている。

ツイー……。

満足して流し込む「庄内誉」の冷やがうまい。

「よう召しあがりましたのう」

鶴岡独特の語尾「のう」がのどかな気分をつくる。

庄内は酒井家を藩主として二百五十年の長きにわたり、譜代大名の江戸文化、北前船の上方文化、地元の東北文化が渾然一体になって栄えた。鶴岡は酒井家による武道鍛練、学問文化を尊ぶ気風が今も脈々と伝わる。伊藤さんは書額〈明月一樽酒　忠明〉を指し「あれは殿様のあきら様にいただきました」と自然に言う。酒井家の当主は名に代々「忠」がつき、地元ではその下の字で呼ぶらしい。

「ぼくは山形県出身なんです」

黙っていたハセキョーが口を開いた。

「へー、地元じゃない、どこ？」

「山形市です」

「東高？」

「はい」

山形東高は名門進学校だ。おいらは山形市の東北芸術工科大学というところで七年教えていたもと教授である。

「芸工大、知ってる？」

「はい」

するとおいらの勤めていたころ彼は東高にいた。もしやわが大学に入り教え子になったかもしれない。

「大学は？」

「東大です」

お、東大。

「専攻は？」

「心理学です」

どうせわからんが聞いてみた。

「卒論は？」

目の網膜はなぜ立体を把握できるかをナントカカントカ……。

「わかった」亀次が叫んだ。

「それで冷やしラーメンにしたんだ！」

冷やしラーメンは山形市発祥のヘンタイ的名物だ。ははぁ、里心だな。

「……そうです」

うなだれた彼の頬がこころもち赤くなったように見えた。


青空を背負う太陽に見渡す一面の稲穂の緑が光り輝く。まさに真夏だが、切れるような透明感はやはり北国の夏だ。タクシーで向かっているのは「最上川芭蕉ライン舟下り」の乗船場。ここから十二キロをおよそ一時間で下る。

山形県内だけを流れる最上川は古来出羽の国の交通運輸の大動脈で日本海に注ぐ。静岡・富士川、熊本・球磨《くま》川とともに日本三大急流と言われ、多くの詩歌に詠まれた。

最上川上れば下るいな舟のいなにはあらずこの月ばかり
――古今和歌集の、秋に稲束を運ぶ舟が昨夜の「いな舟」の名の由来だ。

最上川岩越す波に月冴えてよるおもしろき白糸の滝

――陸奥を落ちゆく悲運の武将・源義経の人目をはばかる夜舟の情感が胸を打つ。

最上川流れの上に冬虹のたてるを見れば春を来むかふ

――山形の文豪・斎藤茂吉は最上川を愛し多くの歌に詠んだ。

広き野をながれゆけども最上川うみに入るまでにごらざりけり

――昭和天皇は皇太子時代の大正十四年に当地を巡幸され、翌正月の歌会始で詠まれたこの御製歌は山形県民歌になった。

「舟がでるよ～」

出船の声に十数名が乗り込み、思い思いに畳ござに腰を下ろした。陣笠の船頭が景色や由来を解説する。両側に迫る緑の山と、青空を映す水面のほかは何もない風景は時空を超え、時々ぺたぺたと舟腹を打つ水音が我に返らせる。

〈最上川は、みちのくより出て、山形を水上とす。ごてん・はやぶさなど云おそろしき難所有。板敷山の北を流れて、果ては酒田の海に入。左右山覆ひ、茂みの中に船を下す。是に稲つみたるをや、いな船といふならし。白糸の滝は青葉の隙〳〵に落て、仙人

堂、岸に臨んで立。水みなぎつて舟あやうし〉

五月雨をあつめて早し最上川

芭蕉が川を下ったのは元禄二年（一六八九）六月一日（陽暦七月十七日）。本日は七月三十一日。ほぼ同じ時期に周囲の情景は芭蕉の描写と寸分たがわない。明治二十六年八月、芭蕉の足跡をたどりこの川を下った正岡子規も句を残した。

朝霧や船頭うたふ最上川

〽酒田さ行《え》ぐさげ　達者《まめ》でろちゃ
流行風邪など　ひかねよに

船頭の歌う最上川舟唄が水面をのどかに渡って行った。

「腹へったのう」

「蕎麦なんかよがでがのう」

にわか鶴岡弁で、いな舟でとてもわかりにくいですがと教わった蕎麦屋「蕎麦福」にようやくたどりついた。七星注文の「そばと麦きりの合盛り」の麦きりは庄内の腰の強い細うどん。亀次はそばを浅い木箱に盛った「板そば」。ハセキョーは「鴨そば」だ。

冷たいビールをきゅーっとやった。

「入社して何やってるの?」

四月に編集部に来てまだ手伝いだが、今回初めて作家に同行するそうだ。

「へえ、初出張か。ミホになんて言われて来た?」

「放っとくといつまでもだらだら飲むから、早めに切り上げろと」

「………」

そばが届いた。

「君は草食系、肉食系?」

「肉と野菜をバランスよくとります」

鴨そばは鴨肉と焼葱がバランスよい。ややあって亀次が聞いた。

「長谷川君、俳句はどう?」

「俳句はわからないんですよ」

かすかに人間味がのぞく。

「そうかい。あそこに〈店内は禁煙になっております〉とあるだろ。あれを〈禁煙になっております店内は〉とすると俳句になる」

「ははあ」

「〈店内はなっております禁煙に〉とするとヨリ禁煙が強くなる」

「ははあ」

「これを語句の置換と言う」

「ちかん？」

誤解に気づき顔を赤らめる。

「しかしこれには季語がない。店内を〈秋の空なっております禁煙に〉とするとスケールが大きくなり、清浄な秋空を煙で汚したくないではないかという味わいが出てくる」

「はあはあ」

感心する彼においらが続けた。

「君も三句作るのは聞いてるね」

いぶかしげだが「提出はいつでしょう」と授業のレポートのように答えた。

ひと足先に店を出た亀次はぷかりと一服だ。〈秋の空なっております禁煙に〉清浄な秋空を煙で汚したくないではないか。

昼をすませて向かった鶴岡公園は、鶴ヶ岡城跡の滴《したた》るばかりの緑の柳が堀にさがる。夏の午後に歩く人もなく、亀が甲羅を干している。

——水面にかぶさるようにのびているたっぷりした花に、傾いた日射しがさしかけている。その花を、水面にくだける反射光が裏側からも照らしているので、花は光の渦にもまれるように、まぶしく照りかがやいていた。(『花のあと』)

おなじみのみずみずしい藤沢調だ。市内は要所に藤沢作品の一節が掲示され、文学散歩のファンが熱心にたどる。藤沢は架空の海坂《うなさか》藩に故郷庄内への想いを書き込んだ。名は俳誌『海坂』による。藤沢は「北邨《ほくそん》」の俳号で多くの句を投稿した。

蝶生れし青畑朝の日が射せり
石蹴りに飽けば春月昇りをり
夏の月遠き太鼓の澄むばかり
はまなすや砂丘に漁歌もなく暮れる
薄曇りゆく野の秋の薊《あざみ》濃し

冬潮の哭《な》けととどろく夜の宿

藤沢句は風景句が多く、愁いをおびた清冽な情感は小説の自然描写に通ずる。

庄内藩の藩政建て直しを目的に、文化二年（一八〇五）酒井家九代目・忠徳が創設した藩校「致道館」は今も残り、藤沢作品の文武に励む少年たちの声が聞こえてきそうだ。今も「少年少女古典素読教室」が続いており、誰もがいつでも立ち寄れる致道館は変わらず市民の精神的支柱となっているのだろう。

市内中央を流れる内川は小説では五間川として登場する。月山、鳥海山、金峰山の三つの山の雪が見えることから名付けられた三雪橋に『蟬しぐれ』の次の一節の札が立つ。

――五間川の川岸では、青草のいろが一日一日と濃さを増し、春の到来は疑いがなかったが、その季節の流れを突然に断ち切るように、日は終日灰いろの雲に隠れ、城下の町町をつめたい北風が吹き抜ける日があった。

内川はやがて大きく東に曲がり大泉橋に出た。この橋は『秘太刀馬の骨』『蟬しぐれ』に千鳥橋の名で登場する。
芭蕉はこの近くの庄内藩士・長山重行屋敷に三日滞在して次の句を残し、舟着場から川舟で酒田へ向かった。

めづらしや山をいで羽の初茄子

芭蕉も民田茄子に舌鼓をうったのだろう。七里半日の舟旅のあと酒田港に到り、再び最上川を詠んだ。

暑き日を海にいれたり最上川

上流の〈五月雨を〉に呼応するように一本の川を詠むスケールの大きさは、「おくのほそ道」みちのく東北を描き切ろうとする意欲のあらわれとよめる。
大泉橋からの古い町並を抜け森閑たる日枝神社に入ると〈めづらしや〉の句碑があった。大欅《けやき》の蟬しぐれがシャーシャーシャーと鳴り止まない。芭蕉も藤沢もこの声を聞いたのだと、しばらく境内に立っていた。

鶴岡からローカル線で酒田は四十分。鶴岡は武士の町、酒田は商人の町。気楽な居酒屋は酒田にある。

日枝神社門前通り、慶応三年（一八六七）創業の大きな酒屋の平土間にコの字カウンターを置いた居酒屋「久村《くむら》の酒場」が、おいらの気に入りだ。細長い重箱のようなカウンターは、上のガラス蓋から下に並べた皿小鉢の料理が見える楽しい仕掛けだ。〈あー食べたい・自家製いかの塩辛〉〈人気のおいしさ・手作りコロッケ〉〈じっくり煮込んだ・豚角煮〉キャッチコピーつきの貼紙がいい。〈懐かしい酒田の漬物・うどがわら胡瓜〉は五センチの小ぶり、太丸一本のビール漬けでパリッと小苦く、その後甘い。カウンターのガラス下からとった皿〈アオコの煮付け〉は青い魚に煮茄子と緑のシシトウが添えられ、煮汁たっぷりでとてもおいしい。酒は地酒「上喜元・純米吟醸仕込第二六号　無濾過生原酒20ＢＹ」。平土間を通り抜ける風がまた最高のご馳走になる。

「ここいいねえ、七星さん、よくこんな所知ってるね」

「まあな」

♪トトンカトントン、トトンカトン……祭囃子が聞こえる。そうだ今日は酒田の盆踊りと言っていた。

お囃子をたよりに向かふ盆踊　七星

広場の小さな盆踊りを予想したが、目抜き大通りを連ごとに出てゆく大掛かりなものだ。昨日は、人っ子一人見なかったが、どこにこんなにいたのか。浴衣姿の老人、妙齢女性に、若い男も加わるのがいい。

流れる「酒田湊甚句」の合の手〝繁昌じゃおまへんか〟の関西弁は北前船文化の名残だろう。女の先生に連れられた若草幼稚園の子供たちが、〝おまへんか〟のところで飛び上がってパッと両手を広げるキメがかわいい。

ぶらりと訪ねた地方の町の夜の盆踊りがいい。じっと見つめるハセキョーも故郷の祭を思い出しているのかもしれない。

跳ねあげる蹴出し酒田の盆踊　亀次

「おつかれー」

鶴岡のバー「南蛮居酒屋８９」でカチャンとぶつけた銅のマグカップは、スミノフウオツカとトニックのカクテル、スカイボール。ここでは「冷やっこいの」で通っている。マスター矢口さんの愛称から「89《やぐ》」と名づけられて昭和三十五年に開店。マスターは十六年前に亡くなり奥様が店を継いでいる。ご主人に徹底的に仕込まれた技術は確かで、御歳七十一歳は本邦最高齢の女性バーテンダーにちがいない。お決まりの男物の太ストライプシャツに蝶タイ、ピンクのエプロンが銀髪に似合い、背筋もピンと伸びて年齢を感じさせないのが現役の証しだ。

「七星さん、見てくれる」亀次が紙をよこした。

粗塩《あらじお》をふって緑やだだちゃ豆

箸先を転びいで羽の初茄子《はつなすび》

最上川迫りては去《い》ぬ夏の山

葭簀《よしず》屋根展《ひろ》げて涼し下り舟

杉落葉浪間に呑まる早瀬かな

致道館素読《そどく》に紛《まが》ふ蟬しぐれ

碑《ひ》の辺《あた》り大欅より蟬の声

東《ひんがし》に月がいで羽の橋涼み

このところの亀次の作句意欲はすごい。今回の旅のすべてが詠まれ、黙って紙をハセキョーに渡すとじっと目をおとし声もない。

山形の文学者には斎藤茂吉、井上ひさし。また高山樗牛《ちょぎゅう》、藤沢周平、丸谷才一を生んだ鶴岡には、芭蕉の足跡が何かを残したのかもしれない。藤沢作品は映画化もあって近年ますますファンが増え、鶴岡公園に記念館も来春開館する。新人ハセキョーもやがていろんな作家を担当し、力をつけてゆくことだろう。

「長谷川君、初出張はどうだった」

「たいへん勉強になりました」

ぺこりと頭を下げ、三人は笑った。

二週間ほどして長谷川君から手紙が来た。俳句が書いてある。

岩牡蠣の呑みたる潮を共に飲む

梅雨雲を忘れた空に蟬しぐれ

川面から手繰《たぐ》りし糸の先に空

末尾には小さく「添削よろしくお願い致します」とあった。

庄内《しょうない》の鳶夏雲《とびなつくも》に上《あ》がりけり　七星

夏《なつ》の暮《く》れ星点《ほしとも》しけり月《つき》の山《やま》　亀次

十 新潟

みちのく抜ければ紅灯の芸妓の色香ふりすてて
仰ぐ夜空の天の河思えば遠くに来たもんだ

チン。なんとなくグラスを合わせてビールを飲んだが、肌寒さを増した晩秋にビールもそろそろ冷たい。「寿司にビールは合わねえな」亀次がそう言いたげだ。

「すみません、熱燗一本」

「わたしも」

すかさずのったのはミホだ。おくのほそ道をたどる七星・亀次の目付役ミホは、ふたたびここ新潟で合流し、「お昼は寿司です」と「港すし」に先導した。ひと口ふくんで目を上げる。

「お酒はなんですか?」

積極的だ。酒どころ新潟に期待あるらしい。おすすめの握り寿司「やひこ」セットは緋色あざやかな南蛮エビがおいしい。熱燗で温まった亀次が「塩辛もらおうかな」と呟く。ちと早いぞ。自称、平成の芭蕉・曾良も寿司屋のカウンターで昼酒してるようでは、俳道探求もおぼつかない。

古くは北前船の主要な寄港地、幕末には開港五港の一つとなった新潟は外国船が来航して栄え、旧新潟税関庁舎は国の重要文化財だ。港といえば紅灯の花柳街。高堺の「鍋茶屋」をはじめ料亭が連なる新潟古町《ふるまち》は京都祇園、東京新橋と並ぶ日本三大芸妓の街といわれ、おいらも昔、黒塀の古い料亭「美《み》や古《こ》」の座敷に招かれ、芸者さんにお酌され米山甚句などを踊ったことがあった。

「なんか、今までと感じちがうな」

町を歩いて亀次がぼそりと呟く。行脚を続けた東北には、新潟の艶めいた空気はなかった。昼間の明るいうちに今夜の居酒屋の見当をつけておこう。

「ミホ、たのむよ」

「いいわよ」

ミホの店探しは当たるとわかってきた。本人も鹿島立ちにあたり「居酒屋もいいですが、句作を忘れないでください」と注意したのは忘れたらしく、居酒屋探しは熱心なれど俳句の注文はとんとなくなった。

あたりは大きな古町通に鍛冶小路、新津屋小路、柾谷小路、千歳小路、坂内小路などが交差し、大小の飲食店が並ぶ。素朴な居酒屋よりは料亭風、クラブ風が多く、その意味では都会的かもしれない。

「スナック誘蛾、か」

家庭料理ぼるぼ、ナイトルームパンドラ、薔薇と薔薇、バー・タランチュラ、亀次が声に出し呟くのは怪しげな名ばかりだ。きょろきょろ物色するうちにおいらははぐれたが、一軒「酒亭久本」は玄関が開いて中が見える。外の植え込みに水をやる老親方に声をかけのぞかせてもらうと良さそうだ。ルルルル、携帯が鳴り「いまどこですか」とミホが呼んだ。

昭和新道という所を入ってゆくと風俗街だ。秘苑、本陣、スチュワーデス、ペントハウス、プレジデントなどピンク色もけばけばしい。まだ午後に客引きの兄さんがこちらを見るが、妙齢の女一人と男二人に声をかけられずにいる。

「まるで売り飛ばしに来たようだな」

「どこでもどうぞ、私は知りません」

ミホがつっけんどんだ。

「亀さんや、どうしても入るんならどこがいい」

「そうさ、スチュワーデス、七星さんは？」

古町
I-HOTEL
へぎそば
坂内小路
本町通
萬代橋
JR新潟St
東堀通
本町市場
信濃川
柾谷小路
古町通
西堀通
酒亭久本 イ
案山子 二
越乃景虎
至・出雲崎
新幹線
ハ
銀杏・栗の素揚げ
こばちゃん ロ
かきのもと酢浸し
柳カレイ一夜干
金鶴・拓
ぬかいめし
刺身
お通し三点盛り
振袖さん
oh!
絶品!!
須坂屋そば い
港すし ろ

「オレ、秘苑」。

プンと機嫌を損ねたミホは先に行ってしまった。

抜けると串刺し魚の浜焼きを売る本町市場に出た。辻の小さな神社に新潟の夜がうまくゆくよう手を合わせておこう。なむなむ。この「白龍大権現」の御神体は一体二頭和合歓喜の竜神像、男女縁結びの神とのこと。いま一度なむなむなむなむ。

続く大きなアーケード商店街はおばさんたちが露店を並べ果物、きのこなど秋の収穫がいっぱいだ。新発田のいちじく、豊栄《とよさか》の里芋、佐渡松茸。大小長さいろいろの茄子は長茄子、水茄子に「エンピツ」という小さいのがおもしろい。紫の「かきのもと」は菊の花で「垣の基」に生えるのでこう言う。新潟の枝豆・茶豆は有名で「黒崎さかな豆」は酒の肴になる豆の謂《いい》だ。色つややかな栗に「村松栗か」と亀次こと村松画伯が呟く。

やがて萬代橋《ばんだいばし》に来た。日本一の長流・信濃川が日本海に注ぐ河口は満々と水をたたえ、装飾の過ぎない六連アーチ橋が美しい。脇に句碑が立つ。

千二百七十歩なり露の橋　虚子

大正十三年新潟を訪れた高浜虚子は当時の二代目木橋・七八二メートルを歩きこの句

を詠んだ。現在の三代目石橋は昭和四年架橋、三〇七メートル。

「亀さんや、この句はどうかね」

「七さんや、わからねえ」

「リアリズムかね」

「千二百七十かぞえるのも大変だ」

「歩幅約六十一センチです」携帯の電卓を叩いたミホが言った。

日が暮れて西堀通「酒亭久本」のカウンターに座った。後ろに離れの席、二階は座敷らしい。半月皿のお通しは牛蒡の牛肉巻、きのこ・ほうれんそう・かきのもとの酢の物、小さな鯵フライの三点盛りと凝っている。夕方植え込みに水をやっていた親方は奥、壮年の板前がカウンターに立つ。

「いらっしゃいませ」

あらわれた女将は艶っぽい中年増《ちゅうどしま》。きれいに結い上げた黒髪に朱華《はねず》の着物、根岸の帯は、地味にみせて相当よいお召し物。「おひとつ」と酌する仕草、洒脱な目の配りは粋筋の方のようだ。〈平成二二年・久本一五周年記念〉の写真がある。

「お座敷に出てらっしゃったんですか」

「今も現役よ、ただしお座敷は六時まで、美樹《みき》と申します」

「あ、どうも、太田です」

名前を言うのは変か、いや言わなきゃおかしいか。

「ぼく昔、美や古で芸者さんと飲んだことがあります」

「美や古さんは休業中なのよ」

そうなのか。客同士が顔を合わせぬよう工夫した忍者屋敷のような間取りは夢の世界だった。

「芸者の雪乃さん、きれいだったな」

「あら、雪乃だったの」

おいらは宴席の翌日未練がましく美や古の外を歩いていると、化粧をおとした私服の雪乃さんと偶然すれ違い、「昨晩はどうも」とどぎまぎと挨拶したのが思い出だ。古町一の美人芸者と言われた雪乃さんは引退されたという。

玄関の新潟まつりのポスターは花火を遠くに置いた若い振袖さんの顔だ。新潟では舞妓を振袖さんという。

「美人ですねえ」

「この子はいま一番人気のあおい、もうすぐ来るわよ」

「え！」

二階の宴席に呼ばれているそうだ。「腰すえて飲もう」「んだ」我々はうなずきあった。

おちついて店を見渡した。大きな招き猫にお神酒と豆鯵が上がり、縁起かつぎは花柳界のつねだ。花瓶のススキの後ろに黄色い紙を丸く切り、月に見立てているのがいい。新潟の今を伝える観光パンフレットもたくさんある。さて一杯。

松の形に窓をくりぬいた黒漆枡の底にレースを敷いて瓢徳利を置き、盃は盃台に乗るのはいかにもお座敷のしつらえ。市場で見た黒崎さかな豆は粒が小さく、これがおいしいと言う。アラの薄造り刺身は青磁菊皿に薄ピンクが華やか、大根おろしたっぷりの肉厚椎茸焼は、松茸もとったがこっちの方がうまい。生いわしを塩漬けし、さらにぬか漬けした、一回も火を入れていない「ぬかいわし刺身」は赤身もみずみずしく目が醒めるようにうまい。親方、花板、やるなあ。

カウンター奥は黒スーツの官僚風の男四人で今までの東北旅には見なかったタイプだ。離れの席は酸いも甘いもかみわけた風情の白髪の大旦那が、着物の元芸者を二人侍らせご機嫌だ。「ビール一杯、いただこうと思って」と美樹女将が席に寄りお酌する。その円熟した艶の立ち居、挙措を七・亀はうっとりと眺めるばかりだ。

「こんばんはぁ」

玄関が開き、大輪の花が光り輝くように振袖さん二人がしゃなりと現れ、亀次は用意のカメラを忘れて口を開けたがすかさずミホが一枚撮ったのはさすが編集者の根性。

「こちらあおい、こちら春花《はるか》」

「よろしうおたのもうします」

二人は潤む目もまっすぐにおいらを（！）見て声をそろえた。黒い日本髪の大きな髪飾りは、あおいさんは金銀の水引、春花さんは紫の菊花。着物は白金地に秋の七草を豪華に散らし、帯はともに真紅、これ以上ない派手なしつらえに絶頂の若さが全く負けていない。あおいさんは可憐、ひとつ上の春花さんはすでに艶やか、白化粧の紅い唇から匂うような色気がこぼれる。

そのあいだ十秒。二人はすぐに女将に先導されて二階に上がり、「こんばんはぁ」の声が遠く聞こえた。

「よかったじゃない」

外に出たミホがどこか客観的に言った。「うん」あまりはしゃがないようにしよう。

「次はわたしの選んだ店」

異存はない。連れられた「Ｊｙｏｚｏ」はボードウォークがアプローチのモダンなダイニングバーだ。「なんて読むの？」「ジョウゾウ、意味は醸造でワインと日本酒の店、半年前にオープン」。いつの間に調べたのだろう。仕事熱心だ。

「いらっしゃいませ」

黒シャツのマスターは流行の短髪ボサボサ頭に薄髭、同じく黒シャツの女性は広末涼子に似て店の雰囲気が若々しく、カウンターのゆったりしたソファスツールは座り心地よい。大きなガラス保冷庫二台は左はワインボトル、右は日本酒一升瓶。酒を大切にするよさそうな店だ。「ワイン、いいねえ」亀次がリクエスト。ミホが「シチリアの白ある？　レ・マンフレディ　バジリカータ・ビアンコ、これがいいわ」と続けた。

カチン。ワイングラスをかるく当て、本日二度目の乾杯。お通しはドライトマトを添えたイカのバジル和え。黒を基調に厨房周りのステンレスが映えるモダンなインテリアが巧みだ。ワインを飲んだ亀次が言った。

「ミホちゃん、さすがだね」

「あら、これくらい」

「栗、頼んでいい？」

「どうぞどうぞ、ぐび」

ワインもすすむ。届いた「銀杏と栗の素揚げ」は黒角皿に白半紙を敷いて、翡翠色の銀杏と黄色の栗が映える。

銀杏の翠に白き浪の花　七星

新物で名も村松の栗素揚げ　亀次

銀杏と栗の素揚げに白ワインは、しみじみと秋の深まりを感じさせた。思えば遠くへ来たもんだ。流浪の日々に慣れると世の中を忘れる。こんなことでよいのだろうか。「さあ食べて、自家製ソーセージ熱いわよ、すみませーん、ワインをブルゴーニュに替えて頂戴」

道中復帰したミホは絶好調だ。世の中の憂さは忘れよう。「いちぢくの天ぷら」「豊栄ジャガイモのチーズグラタンソース」と再び注文のエンジンがかかった。

「ああ食った」興にのったおいらは若い好漢マスターを気に入って、ミホにツーショット写真を撮らせ、「髪を切れ」と余計なことを言ったそうだ（翌日ミホに言われた）。

深夜に近づき「須坂屋そば山水庵」へ。新潟名物の「へぎそば」は織物に使う布海苔《ふのり》を打ち込んでなめらかな喉ごしをつくる。浅い木箱に一箸ぶんずつ絹束のようにまとめられた姿は美しく、するすると腹におさまった。

早朝七時四十二分。「朝はやいです」昨晩ミホに厳命され寝ぼけ眼で新潟駅へ。出《い》雲崎《ずもざき》まで二時間眠れると思ったら通学生で満員だ。途中に新潟大学前という駅がある。還暦を過ぎた身に立ち電車はきついが、一時間、吉田で乗り換えると席が空いた。

広々と続く窓外の風景は新潟の米どころを思い出させる。刈入れの終わった一本道を犬を連れて歩いてみたい。畔には血が噴き出すように彼岸花が咲く。棟寄せ合う家の畑は里芋、枝豆はそろそろ終わり、コスモスが満開だ。粟生津、分水、寺泊、桐原、小島谷、妙法寺。無人駅の「きっぷ入れ」にお婆さんが地面に荷物を置き、律義に切符を入れ、また荷物を持って出てゆく。やがて出雲崎駅に着いた。

芭蕉は鶴岡以降、七月二日（陽暦八月十六日）新潟、三日弥彦を経て、出雲崎までの間に多くを書いていていない。

〈暑湿の労に神を悩まし、病おこりて事をしるさず〉

長旅の疲れも出るころ、暑さ湿気に神経を悩まし、持病も目を覚ましては筆も重荷であっただろう。

出雲崎駅前は小さな食堂のほかに何もなく、ヤクルトを買って飲み、ベンチに寝転んでいるとバスが来た。

山あいを抜けたバスの眼下は、瓦屋根が海に向かって同方向に整然と並ぶ風景になった。日本海に沿う北国街道の出雲崎は妻入りの家並が名高い。「つま」は端のことで、細長い家の短い端を「妻」、長手を「平」と言い、玄関の位置で「妻入り」「平入り」と分け、当時は正面間口で課税されるため街道に面して妻入りが並んだ。

真っ青な空が抜けるようだ。ひと気なく静まりかえる街道を七星、亀次、ミホの三人が無言で歩く。左に「芭蕉園」がある。秋にまだ緑濃い樹林を背にした小公園が好ましい。高さ一メートルほどの芭蕉像は今まで見たうちでは最も小さく、優しい表情だ。奥に句碑が建つ。

荒海や佐渡によこたふ天河

七夕ちかい七月四日、出雲崎にたどりついた芭蕉は大崎屋に宿をとり、この句を詠んだ。江戸時代、出雲崎は佐渡の金銀の荷揚げ港、幕府直轄の天領として栄えた。一方佐渡は重罪者の流刑地だ。

〈越後の駅出雲崎といふ処より、佐渡が島は海上十八里とかや。谷嶺の険阻隈《くま》なく、東西三十余里に横おれ伏して、また初秋の薄霧立もあへず、波の音さすがに高からず、たゞ手の届く計《ばかり》になむ見わたさる。げにや此島は、黄金あまた湧き出で、世にめでたき島になむ侍るを、むかしいまに到りて、大罪朝敵の人々遠流《おんる》の境にして、もの憂き島の名に立ち侍れば（中略）波の音いとゞ悲しく聞こえ侍る〉

海上十八里の先は金を産じる流刑の島。三日後は年一度、牽牛織女が天の河を間に出会う七夕。夜の天の河は出雲崎、佐渡の双方から見え、海をはさんで二つの地を繫ぐ。佐渡の流刑者も天の河の先の本土にいる誰かを思い浮かべることだろう。さまざまな思いをのせた芭蕉句は風土と人心を詠みこんでスケールが大きい。

横の四阿《あずまや》に〈おくのほそ道三百年記念　芭蕉像建立除幕　平成元年七月〉として、地元の方の作らしきいくつかが記されている。

夏潮の佐渡に向かれて芭蕉像
銀河碑やその三百年の星涼し
天の河波音のみの町長し
銀漢や栄枯は巡る雲の浦

街道に続く妻入り家並のせまい間を抜けると海が広がった。遠く横たわるのは佐渡島。海上十八里はこんな距離か。漁船を上げた浜にぴたぴたと波が打ち寄せる。「こんなのあるわよう」ぱんぱんに膨らんだ針千本のフグを拾い上げたミホが遠くから声をかけた。

帰り道に良寛堂があった。宝暦八（一七五八）年出雲崎の名主の家に生まれた良寛は、出家して諸国を行脚修行後、国に帰り、清貧の中に詩歌を詠み、名筆を残し、子供を愛した。当地を訪れた芭蕉にも思いをはせたことだろう。良寛堂は大正十一年、生家橘屋の屋敷跡に日本画の大家・安田靫彦《ゆきひこ》の設計で建てられた。両側に松を配した小さな堂は佐渡を望む海を背にして浮御堂の如く、清潔な格調は安田画伯の絵そのままだ。堂裏には海に向いて正座する良寛像がある。亀次はさらさらと筆を走らせ、おいらは良寛に倣い海向きに腰をおろし、ミホは携帯メールをたたきはじめた。

良寛の座像にあすぶとんぼかな　亀次

コスモスは海に揺れるや出雲崎　七星

新潟のホテルに戻ると、ロビーは開催中のトキめき新潟国体選手団でごったがえしていた。和歌山、奈良の女子バスケットボールチームらしい。ミホは国体で宿がとれず苦労したという。さて夕刻までぐっすり眠るとしよう。

「今夜はどこにゆく?」

着替えてロビーに集まりミホに声をかけた。おくのほそ道・居酒屋探しはすっかりミホ頼りだ。ひとつ候補があると出かけたのは新堀通に面した小さな間口の「居酒家こばちゃん」。安っぽいチェーン焼鳥店のようで風情もこだわりも感じられない。

「なぜここが良さそうなの?」

「勘だけど、だめだったらすぐ出ます」

まあ入ってみよう。五、六人座れそうなカウンターの奥に小上がり。マジック書きのメニューやビールのポスターが無造作に貼られ、テレビが騒がしいラーメン屋のような店だ。ビールくらい飲むか。カウンターに置いた広告POPのキリンビール秋味でいいや。

「おつかれ」ガチャン、グビグビ……。

お通しは「豆鯵南蛮漬」か。平凡だが鯵の揚げ具合、甘味を抑えた酢はスターターとして合格。すぐ出るだろうと選んだ「里芋とイカの煮物」は里芋のトロ味に出汁がよく利き、酢橘《すだち》の緑の皮を刻みおとして香りがいい。

「うまいな」「うん」

新潟だから一応と注文した「かきのもと酢浸し」は紫あざやかな菊花弁に白ゴマを少し振ってあり、添えた辛子をたっぷりの三杯酢に混ぜて口へ。

「これは上手だ」

「おいしいわ、菊の香りがする」

「柳カレイ一夜干」はたっぷりと厚い身が朱鷺《とき》色の卵を抱き、茗荷酢漬け二つ割と酢橘を添え、焼き上がりに一箸入れるとほわりと湯気が立つ。カレイ一夜干が大好物のおいらは古い冷凍物はすぐわかるが、これは新鮮だ。

「うまい！」

ついに語尾に「！」がついた。オレもわたしもとつつきあい、やはり地ものだからと頼んだ「のどぐろ塩焼」も小ぶりながら焼加減よく、のどぐろの旨味全開だ。この店は実力があると見直して厨房をのぞくと、無造作な短髪の大将とタオル巻き眼鏡のもう一人が黒エプロンで調理、若いお運び女性二人の計四人。

「何食べてもおいしいねー」

「ありがとうございます」

「あなたが小林さん？」

「そうです」

　こばちゃんが照れる。酒は新潟の有名地酒でおいらにはもの足りなく、他にない？と訊くと奥から一本持ってきた。

「金鶴《きんつる》の吟醸、佐渡の酒です」

　こばちゃんは佐渡の出身だそうだ。

　淡麗辛口で地酒ブームをおこした新潟酒は不動の定評を得たが、その後の日本各地の名酒誕生と味の多様化で、今は日本酒好きからあまり相手にされなくなった。しかし新潟の居酒屋は有名銘柄にあぐらをかいたままで、おいらは新潟の居酒屋で、今実力のある地酒を飲むのはあきらめていた。この「金鶴」は時代に取り残された新潟酒に危機感をもち、山田錦に頼らず米どころの意地をかけて新しく開発した酒造好適米「越淡麗」の佐渡米を使った酒と言う。

　ツイー……。

　これは豪華だ。豪華だけど気品があり、山田錦が庶民的に感じられる。佐渡の土は金を含み、水は金鉱の伏流水。金が育てた米を金で磨いた酒とはこれのことじゃ。

「そーおですか！」勿体ぶって感想を言うおいらをかたずを飲んで見ていた店の四人

が、どっと顔をほころばせた。

「太田さんでしょ、テレビ見てます」

タオル鉢巻氏に言われ赤面する。はやく言ってよ、恥ずかしいじゃん。

ミホは「セロリの味噌漬け」を褒め、亀次は「ぬかいわし」に「塩辛より好き」と呟く。亀次は呟く人と最近わかった。

「よかったよ、大当たり、店構えじゃわからんものだねー」

「フフン」

ミホの得意顔も許す。「ウコンの力、買ってくるわねー」と薬局に走る姿が元気だ。ようし、次はおいらの実力を見せなければ。

やってきたのは本町市場で手を合わせた白龍大権現向かいの「案山子」。料亭は多いけれど手頃な居酒屋の少ない新潟で重宝していたが、先頃改装したと聞いてから初めてだ。

「こんちは」

「おう、太田さん!」

カウンターと小上がりだけの簡単な店だったが広げて椅子席を入れ、ぴかぴかのフローリングに角柱を酒蔵のようにうまく立て、店内は一新された。

「きれいじゃない、良くなったよ」

「いやあ、どうも」

主人は照れながらもうれしそうだ。〈案山子おすすめ／秋のひやおろし　鶴齢、村祐、越乃景虎〉、こう来なくちゃ。お通しは新潟名物「のっぺ汁」。これに「栃尾油揚」とフナベタ・ヒラメ・イカの「刺身盛り合わせ」で決まりだ。さあゆっくり飲もう。鶴齢を注いだ主人に話しかけた。

「新潟国体で、町にお客が多いんじゃないですか？」

「いや、変わらんですね。日本文理高の野球の日だけは人が出ましたが、負けちゃって」

新潟の日本文理高校は今年（二〇〇九年）の夏の甲子園で決勝戦に進出。名門・中京大中京高を相手に四対一〇とリードされた九回二死から連続安打の猛攻で五点を返し、あと一点で同点に迫る緊迫した試合を展開。惜しくも敗れたが全国のファンを唸らせた。一杯を口に含んだ亀次が「聞いてくれる？」と口を開いた。

亀次こと村松氏の奥様の父・三浦勇助氏は文部省出身で、日本文理高の二代目理事長として同校の基礎を作り校歌も作詞。野球部甲子園初出場の前年に逝去された。その後日本文理高は七度甲子園に出場したが夏の四度はすべて初戦敗退。全国勝ち抜きの集う晴れの夏大会で校歌が流れることはなかった。

出場五回目の今年、奥様は今度こそ夏の甲子園で父に勝利の校歌を聞かせたいと遺影を持って大阪におもむき観戦。みごと初戦に勝ち感涙にむせんだ。ところがその後も勝ち進み、ついに決勝戦となって居ても立ってもいられなくなった。しかも新潟県勢が決勝戦まで進んだのは史上初めてだ。決勝戦の切符は手に入らないのではと躊躇する妻に村松氏は、関係者に元理事長の娘と言えば大丈夫と送り出した。

その通り「三浦理事長の娘さんが来た」と学校は大騒ぎになり、現理事長、副理事長、校長以下関係者の勢ぞろいの整列で迎えられた。学校と一体に遺影をもって臨んだ決勝戦は、勝利はならなかったが不屈の戦いぶりは満員のスタンドの熱烈な拍手を浴び、全国に感動を呼び起して、涙涙の夏を終えたという。

おいらは言葉を出せず一杯を含んだ。なんといい話だろう。翌日の朝日新聞見出しは〈猛追文理　心も打つ／9回2死　誰もあきらめなかった〉後日〈あきらめてはいけない事を学びました〉という高校生の投書も読んだ。地元新潟は準優勝なれど優勝級の出迎えをしたという。

秋晴れの新潟は空高く、海は青かった。今夜も酒がうまい。居酒屋おくのほそ道、さらに西へ。

盃《さかずき》に言《こと》の葉《は》浮《う》かべ秋深《あきふか》し　七星

ゆっくりと佐渡《さど》動《うご》き出す秋《あき》の雲《くも》　亀次

十一　富山

親子も別れる難所越え富山は水よし酒よし魚よし
居酒屋親爺の塩辛声についもう一杯のコップ酒

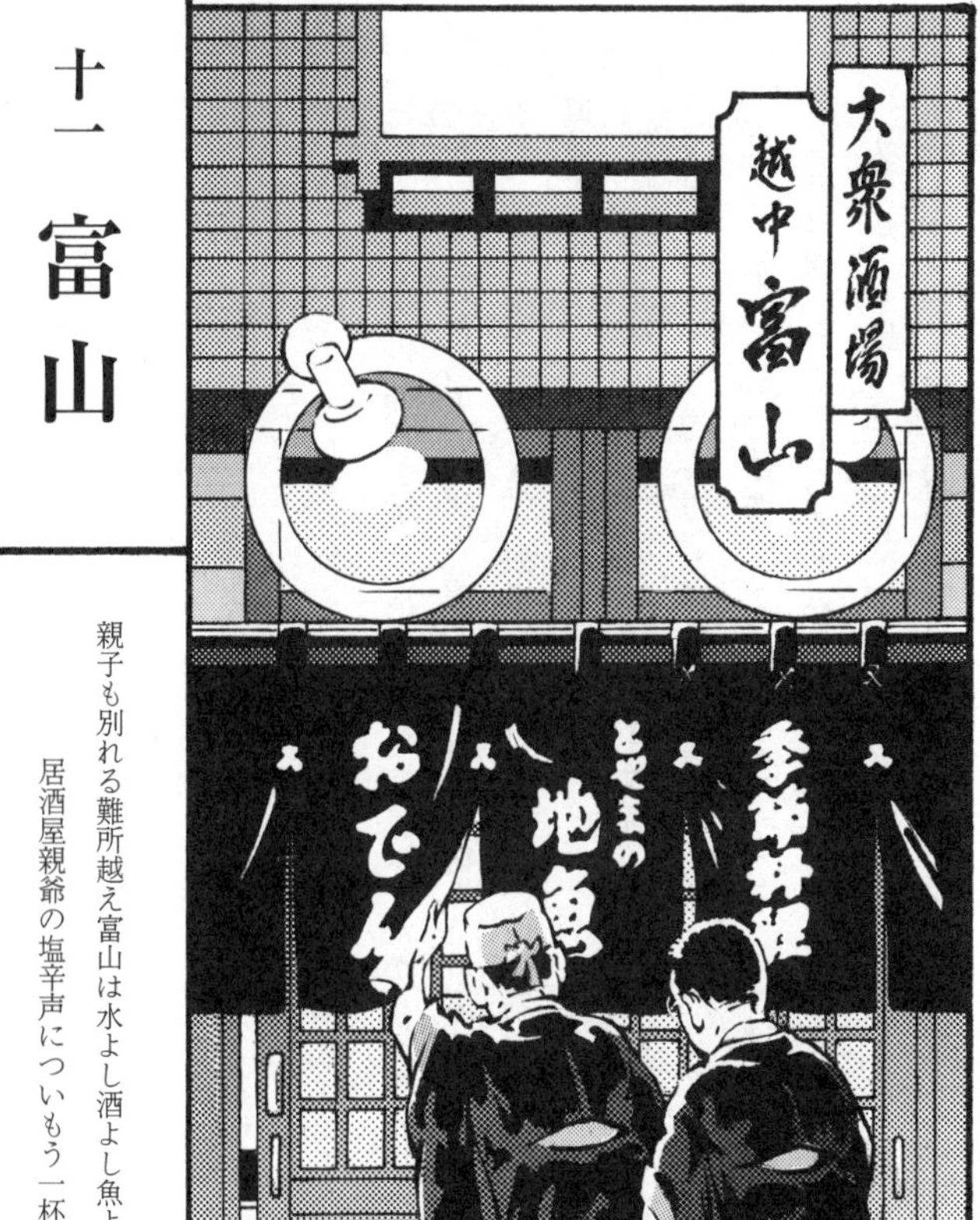

キーッ……。悲鳴のような音をたて特急はくたか6号がスピードを上げる。灰色の冬空に日の光は弱く、遠い水平線上に低くたれ込めた雲の下あたりがわずかに明るい。さっきから数十分も海岸に人を見ていない。柏崎、直江津を過ぎ、そろそろ北陸道最大の難所、親不知《おやしらず》子《こ》不知《しらず》だ。

飛騨山脈北端が切り立つ崖となって日本海に落ち込み、徒歩での通過は、親は子を、子は親を助けられぬ。芭蕉・曾良は、元禄二年（一六八九）七月十二日（陽暦八月二十六日）、いよいよこの難所にさしかかった。

〈今日は親しらず子しらず・犬もどり・駒返しなど云ふ北国一の難所を越て……〉

犬も戻る、駒も返すという断崖。線路の海側に高速道が現われ、〈親不知↓市振　降雨時１２０㎜をこえる時は通行不可〉の表示が瞬間的に見える。すぐに高速道は陸を離れて荒海にのり出して立てた橋桁の高架に突き進み、断崖に沿う海上を土星の輪のように巻いて並走。上り線下り線はときに二階建てとなり、断崖の彼方に消えた。

ゴー……。

轟音とともに鉄道は親不知トンネルに突入した。

難所を無事通過した芭蕉は市振に宿をとった。

〈難所を越て、つかれ侍れば、枕引よせて寝たるに、一間隔《へだて》て面の方に、若き女の声二人斗《ばかり》ときこゆ。年老いたるおのこの声も交《まじり》て物語するをきけば、越後の国新潟と云所の遊女成《なり》し。伊勢参宮するとて……〉

伊勢参りにゆく遊女二人は見送りの老人とここで別れるが、僧形の芭蕉の仏縁にすがり道中同行を請う。

〈「行方しらぬ旅路のうさ、あまり覚束なう悲しく侍れば、見えがくれにも御跡をしたひ侍ん。衣の上の御情に大慈のめぐみをたれて結縁せさせ給へ」〉

しかし芭蕉は断る。

〈不便の事には侍れども、「我々は所々にてとゞまる方おほし。只人の行《ゆく》にまかせて行べし。神明の加護、かならず恙《つつが》なかるべし」と云捨て出つゝ、哀れさしばらくやまざりけらし。〉

一家《ひとつや》に遊女もねたり萩と月

ふーむ。

外は難所とはいえ、暖房のきいた車内はほんわかと気楽なムード。七星・亀次の二人は退屈だ。

「亀さんや、萩と月は多すぎぬかね」

「七さんや、そうじゃのう」

「一家に遊女もねたり虫の声、このくらいでよかないかい」

「隣室の遊女も虫の声を聞いていることだ」

「一家に遊女もねたり鼾声《いびきごえ》」

「これはだめだのう」

「やめてください」

さえぎるのは同行女編集者ミホだ。長旅にいつしか師を敬う心も消え、勝手に改作するとはなにごとですかと言いたいようだ。

「とやま〜、とやま〜」

富山駅北
富山ライトレール
至・岩瀬
JR富山St
西町大喜
富山ブラック
HOTEL
白馬館
電鉄富山St
しじみ味噌汁
桜橋電車通り
すずかけ通り
城址大通り
シネマ食堂街・岬
米清
若旦那
富山城址公園
松川
天使のわけまえ
至・西町
ブリ大根
お通し
能登ガキ炭火焼
紅ズワイガニ・カニミソ
おにぎり
げんげ汁
昆布〆盛り合わせ
カニ面
勝駒
純米
親爺
水道水
絶品!!

十二月も近い北陸富山。駅歩道橋から遠望する立山連峰は雪をかむり、厳しい冬の到来を告げている。駅前広場のブロンズ像は「富山の薬売り」だ。鳥打ち帽、着物尻はしょりに脚半、革靴。こうもり傘を手に地面に直に立ち、一人は行李を背負い歩き出す姿、一人は行李を置いて腰を下ろし帳面を調べる。脇には算盤《そろばん》、矢立、煙管《きせる》がある。紙風船を手にした幼子が横にいるのがいい。家庭常備薬を持って全国を回る富山の薬売りは、紙風船や暦を景品にした。英雄的な銅像ではなく、ご苦労さんですと声をかけたくなる等身大の人間味がいい。

昼どきだ。「富山ブラック、行ってみたい」亀次が言うのはラーメン界で異色の評判をとる富山の真っ黒ラーメンだ。なぜ黒いか——それは、醬油がいっぱい入っているから。おいらは大昔に食べたが、そのしょっぱさは尋常ではない。

西町の店にタクシーから降りると、道路まで強烈に醬油の匂いがする。ビルの間の木造二階家は昭和二十二年開店当時の姿だろうか。細長い店内は壁付けカウンターが一周するだけの素朴な作りで、全員が壁に向いて食べる。しょっぱさを生玉子で中和するのが通とか。セルフサービスの水もたっぷり用意して、ぎっしり貼られたタレントの色紙を見ていると届いた。

真っ黒な汁にメンマと荒切り葱が散らばり、荒碾きコショーをパッパッと振った底から麺を引き上げると、太麺は早くも黒茶に染まる。関西の人は東京のうどんつゆが真っ黒で驚くと言うが、これを見たら発狂するだろう。

ズスー。

丼の端に口をつけ恐る恐る汁を吸った（舐めた）。三人とも無言。やがて亀次が言った。

「どうしてこんなにしょっぱいの」

これ以上正しい質問はない。戦後、肉体労働者用に汁でご飯も食べられるようにしたというが、この汁一杯で普通のラーメンが五杯できる。麺をすったミホは顔色を変え、一言も口をきかず箸を置いた。「……やめとくわ」ややがんばった亀次も水を飲む。タクシー運転手は「しょっぱいが、一週間もするとまた行きたくなる」と言っていた。強烈さが癖になるのか。「完敗だ」我々はうなだれてホテルに向かった。

「四時だぞ、遅れるな」

おいらは二人に厳命しておいた。居酒屋「親爺」の開店は四時だが四時にはもう客が入っている。遅れてはならじ。厳命が利いたか十分前には全員集合した。富山の飲み屋街は駅前桜町と総曲輪《そうがわ》。総曲輪は富山城内三の丸とその外堀付近のことだ。「親爺」は駅前桜町にある。

か客がつけたそうだ。オヤジ、と親しみをこめての愛称にちがいない。昭和四十三年ここに移った。塩辛声の二代目・桶谷捷二さんは昭和十六年生まれ、店改装を機に息子に三代目を継がせたがまだまだ肌艶も気力も充分、というか渋い男盛りで、常連を相手にますますいい顔になってきた。四時五分前、すでに客が一人いる。

「いらっしゃい」

迎える塩辛声。「親爺」とはつけもつけたりの名だが、開業の昭和十年頃いつの間に

「太田さん、今回は何ですか?」

「俳句、いやあのその、……とりあえずビール」

キュー……。

「最初はやっぱりビールだな」

亀次は平凡なことしか言わない。それでいいのだ。風呂上がりはビール、コタツはミカン。俳句とはそういうものだ。陣取るカウンター前のおでん舟から湯気が上る。香箱カニ一杯の身をほぐし、カニミソ、カニの卵と和えて甲羅に詰め、おでん舟で温めた名物「カニ面」に亀次も舌鼓。

「冬はカニ」

またつぶやく平凡。若い頃は変わったことを言って得意になっていたが、近頃は平凡

な言葉が立派に聞こえる。おいらもこれでいこう。

「カニはいい」

ミホが「老人の会話ねえ」という顔だ。

お通し「ブリ大根」の味がいい。

「酒粕で生臭みをおさえるんですよ。東京の人はしょっぱくし過ぎますね」

富山の人にしょっぱ過ぎると言われたくないが、冬の富山の帝王はブリだ。毎年たとえ何万円しようとも娘の婚家にブリを届けるのが富山の親と聞く。息子さんの三代目・隆さんが大物ブリに出刃を入れている。

「もう出てますね」

「まだ八頭身、我々の求めるのは五頭身です」

真冬、パンパンに身が張ると脂のりした最高品になる。富山湾は断崖のような地形で水深が深く、立山連峰の冷たい伏流水が流れ込んで深層水となるため海水がダイナミックに動き、魚の種類がたいへん多い。日本海の魚はおよそ八百種、富山湾はそのうち五百種がいると捷二さんに教わった。そのキトキト（生きとう生きとう）の魚がとくに冬はいい。

「はい、お待ちどお」

三代目が包丁をふるっていた刺身盛り合わせの見事なことよ！　ブリ・メジマグロ・ヒラメ・アマダイ・ホウボウ・甘エビ・白《しら》エビ・バイ貝。まさにキトキト。これには酒だ。隆さん推薦の礪波《となみ》の酒「太刀山・極寒仕込み純米原酒」は富山酒らしいきれいな旨味。富山酒を支えるのは立山の伏流水で、太刀山は庄川水系だ。では刺身。ブリはさすが、ヒラメ、アマダイ、ホウボウの白身グループはもっちりと味が締まる寒い日本海の味、そろそろ終わりという富山湾の宝石・白エビの透明な甘味、緑のエビ子がまた……。

「はい、水道水」

捷二さんがわざわざそう言って出すのは、富山の水道水はうまい、という自負だ。その水道水はほんとにうまく、水よし、酒よし、魚よし。昔、食通で知られた作家・檀一雄が新聞社文化部長と二回来て、里芋とイカの煮物を絶賛、「お前、これだけで商売しろ」と言ったそうだ。それもいいが富山だったらこれだろう。

「昆布〆！」

「待ってました、盛り合わせましょう」

江戸期、日本海北前船の主要寄港地富山は、豊富な北海道昆布で昆布〆王国となった。ヒラメ（エンガワ付き）・スズキ・白エビ・サス（カジキ）の四品は昆布の旨味がしみて、酒にはさらによし。

「よし、勝駒《かちこま》、お燗」

富山一番人気の地酒「勝駒」はすっきりした切れ味がいい。特大五合ちろりの酒を、棒温度計でちゃらちゃらかき混ぜながら温めるのが捷二さん流お燗術。それを厚手のコップ酒。

ツイー……。

このツイーはミホだ。コップ酒がすっかり似合う女とはなった。

「いいねえ、今の店」

店を出て亀次が言った。そうだろう、日本海随一のおいらの気に入りだからな。

「バーはどこ？」

もう行くと決めている。居酒屋からバーはすっかりパターンになった。俳句とは何の関係もないことだ。

「親爺」から少し歩いた暗い裏通り。小さなビルの階段を上がりバー「白馬舘」のカウンターに座った。

「ジントニック」（七星）

「ジャックローズ」（亀次）

「ベリーニ」（ミホ）

行脚《あんぎゃ》の成果か注文も手慣れてきた。かしこまりましたと三杯作りにとりかかるのは内田信也さん。三人の注文に三杯同時に出すのがバーの基本だ。にこやかに見守る父・内田輝廣さんが声をかけた。

「太田さん、今回は何ですか？」

「俳句、いやあのその……」

最近自分のしていることを説明できなくなった。

輝廣さんは昨年、ＮＢＡ（日本バーテンダー協会）特別功労賞を受けたバー界の重鎮だ。御歳七十六歳だが銀座育ちのダンディさは映画スターの如し。昭和三十七年に母の実家の富山で白馬館を開店。当時のアルバムはハンサムな輝廣さんを囲む美人のオンパレード、その中に後年の奥様もいてうらやましい。

大きな白馬の首の石像は、昔勤めた、昭和二十八年まであった銀座白馬館の玄関を飾っていたもので、名前とともにもらったという。銀座白馬館は、戦前のパリ社交界でバロン（男爵）と呼ばれた富豪・薩摩《さつま》治郎《じろ》八《はち》がニースに投宿した時、外人部隊とホテル主人の男気ある交歓に感じ入り、そのホテルの名をとって付けたそうだ。

バー各種団体の表彰状や洋酒グッズがぎっしりの店内は銀座のバーにいるようだ。もう一杯いこう。

「ギムレットを願います」

「では、私がやりましょう」

御大自らとりかかったのは、イギリスのゴードンジン、明治屋のコーディアルライムジュース、アンゴラスチュラ・ビターズ一滴のオーソドックスレシピで、左肘のはね上げが優雅なハードシェイク。苦味のきいた大人のギムレットだった。

さあ、もう一軒。富山好きのおいらは駅前「シネマ食堂街」に顔を出さねば。屋根のかぶるY字の小路は三カ所から入れ、つくし、ほたる、おでん茶文、乃ん平、さくら、呑歩、など昭和の小さな飲み屋が並ぶ。昔、「貝専門・岬」で大江健三郎ノーベル文学賞受賞を報じるテレビをぼんやり見ていたことがあった。

「ああ、あの時の人」

おかみとは二十年ぶりのご対面になるわけだが、きれいな細面は若々しい。あさり、はまぐり、バイ貝、白貝、さざえ、しじみ、貝の名が並ぶ。「バイ貝と白貝、焼いて。それとしじみの味噌汁」

「はい、焼いていいんですね」と確認するのはすべて刺身でいけますというアピールだ。

フー……。

ふうふう吹いてすするしじみ味噌汁が五臓六腑にしみわたる。「うまい」「ほっとするわ」。満足げな三人におかみがにっこりする。

「いいねえ、この店、旅に来たって感じだな」

亀次がしみじみ。シネマ食堂街は五十年ほど前、二階に映画館、下に飲食街の形で作られた。一番古いのが端のバー「コクテール」。映画館は閉鎖したが、前来た時は成人映画をかけていた。別の場所の「富劇食堂街」も同じ作りで、北国富山は映画を見てすぐ店に入れるしかけなのだろう。富劇二階の映画館は今も続いているそうだ。

ねっとりした黒肝のバイ貝、しっとり濡れた白貝、大根の皮の自家製醬油漬もおいしい。

「おかみさんは富山？」

「いえ、北海道の釧路」

「へえ、どのあたり？」

「幣舞橋《ぬさまいばし》南の坂の上」

「春採湖《はるとりこ》？」

「そこまで行かない」

釧路が舞台の『挽歌』を書いた原田康子の高校の後輩という。原田さんは昨年十月亡くなられた。おいらはおかみと話し込み、亀次はスケッチを始め、ミホは富山地酒・銀盤お燗を追加した。

路面電車・富山ライトレールは富山駅北を滑るように出発した。昨日乗った大正以来の市電はガタゴトとそれなりに味があったが、最新技術はさすがで、モダンなデザインは写真で見た北欧のそれに似ている。

昨日あれから七星・亀次はバーへ繰り込み、おいらはマスターとジャズ談義、亀次は居眠りした。今から北前船の往来した東岩瀬港にゆく。

電車を降りると、軒先にイカやカレイが冬日に天日干しされるひなびた通りだ。岩瀬は地酒「満寿泉《ますいずみ》」蔵元の肝いりで、国重要文化財の回船問屋・森家を中心に明治時代のような町並に再生され、古い土蔵にはレストランや工芸工房が入りまことに好ましい。通り庭の先が北前船荷揚げの船着き場だった。

船の守り・琴平神社の常夜灯を模した富山港展望台に上がると、紺青の大空を背に雄大な立山連峰が一望になった。大気澄む十一月がいちばんよく見えるそうだ。主峰・劒《つるぎ》岳《だけ》も見える。おいらは若い頃あそこに三度立った。逆側の港はナンバーをはずした中古車がぎっしり並び、古びた大型船の甲板にも満載で、中東あたりに運ばれるようだ。イスラム風ポップスをガンガンかけて男が車をチェックしている。昔の北前船は昆布を、現代の北前船は中古車を運ぶ。

蕎麦屋「丹生庵《にうあん》」の広い板座敷は天井高く豪壮な屋敷だ。「丹生」とは不老不死の薬を言う。蕎麦を待つ間に保冷庫の瓶から自由手酌、自己申請精算の満寿泉・純米吟醸を一杯。やがて蕎麦が届いた。

イカ干しに冬蠅とまる岩瀬港　七星

山眠るうつらうつらと有磯海　亀次

市内にもどり、さて今夜も居酒屋だが、その前にひと風呂。北の冬の旅は銭湯に限る。「観音湯」は切妻白壁に赤い温泉マークがチャーミング、下足箱の玄関正面のタイル絵は大きな福助がかしこまってお迎えだ。脱衣室の高い折り上げ格天井は飛騨匠の普請で、番台の上には観音六角堂が上り、金文字で「贈　職方一同」の大きな振り子時計が掛かる。天井には羽根扇風機、葭簀《よしず》の床に丸い籐籠。台秤は尺貫法でおいらは十七貫弱。

　ふー……。

「旅立ちの千住でも湯に入ったのう」

「あんときの絵は富士山だったのう」

　こちらの山は立山。洗い場の桶はもちろん富山が本社の内外薬品ケロリン桶だった。

　観音湯前の居酒屋「あら川」は近くに新店ができ、主人はそちらにいるそうで案内された。

「こんちは」

「おう、いらっしゃい」

「このタオル干しといて」

「あ、はい」

　いきなり失礼。ングングング……。

「風呂上がりはビール」

　平凡なつぶやきをくり返すのは老人の証拠。小さなカウンターの前は炭火が熾り、広い本店よりも酒好きがじっくり飲める雰囲気だ。

「そうなんです、もっとお客さんの近くに居たいと思って」

壮年主人・荒川数夫さんとは旧知の仲。胸板厚く逞しい大柄に豊かな黒髪、自信にあふれた眼差しは男盛りの真っ盛りだ。亡くなられた父、先代・荒川啓三さんは絵に描いたような頑固一徹だったが、おいらとは気が合い「いいもの頼むのう」と上機嫌だった。そのとき黙々と後ろで仕事していたのが彼だ。

「新店名『米清《こめせい》』はどこから？」

数夫さんの祖父・米田清三郎さんは奈良桜井で古物商「米清」を商い、わりあい若死にした。子供九人の一番下だった父は大阪見物に連れて行かれ、そのまま料理屋に丁稚《でっち》奉公させられたが、力をつけ、二十七歳の若さで板長として富山の料亭に迎えられる。富山は二、三年のつもりだったが地元に相手ができて祝言し店を持つことになった。その店名を「あら川」にするか「米清」にするか散々悩んだと、数夫さんは晩年の父から聞いた。

「父は幼くして別れた祖父への想いがあったようです」

数夫さんはちょっと目が潤んだようだ。まさに「桜井の別れ」。この店の場所は父が富山で初めて下宿した所というのにも因縁を感じ「米清」を復活させた。

真タイ・水タコ・太刀魚・バイ貝ワタ。当店も昆布〆がうまい。先代・啓三さんは昆布〆のねっとりと糸を引く昆布に熱燗を注ぐ豪快な昆布酒を出してくれた。二代目・数夫さんはこれをパリッと素揚げにして最高の箸休めに。昆布を敷いた能登牡蠣《がき》炭火焼もいい。大阪での修業を終えて父の下についた数夫さんは、父がぽんぽん捨てていた、例えばブリの内臓に着目し燻製やカラスミの珍味に変え、これがまた酒にはたまらない。オヤジの十八番《おはこ》でしたと言う「紅ズワイガニのカニミソ」は絶品中の絶品だ。

「いいわねえ、今の店」

胸板厚い男盛りにひかれたか、外に出てミホが言った。「次はバーね」言うことが亀次と同じだ。

市内を流れる松川は飛騨山脈に発する神通川《じんづうがわ》の旧流路。松川に合流するいたち川には万病に効くという水の湧く延命地蔵がある。富山の水は富山の命だ。桜橋を渡った夜の通りに、色んなガラス玉をツリーにして下から光を当てた「希望の樹」が美しい。遊ぶ子供五人の像が心をなごませる。富山は水清く、持ち家率は全国有数。若いうちに大きな家を建て、祖父母、夫婦、孫の三世代で暮すのが基本という、家族を大切にする県だ。長旅もそろそろ正月、長留守の家に餅代でも送らねば。

「あったわよう、ここ、ここ」

ミホが、数夫さんに教わった総曲輪本町のバー「天使のわけまえ」を指さした。

石のカウンターに木のアームレスト、ＢＧＭはオペラのアリアというモダンなショットバー。亀次が聞いた。

「葉巻ある?」

「はい、ございます」

葉巻か。いつもなら俳句を披講する頃だがとんと忘れているらしい。ではおいらも。選んだ葉巻は、亀次は「レイ・デル・ムンド」おいらは「ペティ・コロナス」。どちらもキューバ産で立ちのぼる紫煙がいい。

「ミホちゃん、一服どう」亀次が勧める。

ぷか〜り。

「……いいわねえ」

酒に葉巻、進境いちじるしいことだ。葉巻ならラム。猛烈ハードシェイクの「バカルディ」は薄いピンクがやや泡立って美しい。マスターが話しかけてきた。

「ぼく、太田さんに一度会ってます」

「え?」

マスターの中村さんはバー「ジェリコの戦い」で修業していたときに見たそうだ。そこは夕べも行ったと話すと笑い、「ジェリコの戦い」は富山で一番人気のバー、マスター浦田さんは若いバーマンの兄貴分的存在なのだそうだ。不況でウチを手伝う若いのは昼は鳶職、夜はここですと苦笑する。キューピー型の顔に人の良さを感じる中村さんがいい。富山にどんどん知り合いができてゆく。

「オレ、もう一度『親爺』に行きたい」

亀次はすっかり気に入ったようだ。いいともいいとも。

「お、いらっしゃい」

迎えるのは隆さん。

「あれ、オヤジは？」

「犬の散歩です」

隆さんは競馬で当てて犬を買い、父の誕生日にプレゼントすると夢中になり、店は早く引き上げ毎夜犬の散歩を欠かさないようになったそうだ。健康を考えていつまでも夜遅くまで働かすわけにはゆかないという目論みが当たったと笑う。

「犬は何？」ミホが聞く。

「キャバリア・キング・チャールズ・スパニエル」

「あら、いいわねえ」

「名は？」

「久太郎です」

聞いていたお母さんが答える。心温まる家族にこちらの気持も温まる。水分とぬめりが多く地元にしか出ない、泥鰌《どじょう》の親分のような深海魚「げんげ」と葱の「げんげ汁」に腹も温まる。「お母さん、おにぎり！」声をあげるとお母さんがにっこりした。「当店名物、おにぎりだけは私の仕事」この時ばかりは私が主役と袖をまくる。大きな一個に、さらに身も心も温かくなった。

「お、今夜も」

バー「ジェリコの戦い」のマスター浦田さんが笑った。長身細身、髪を後ろに束ねたハンサムがしなやかに振るシェイクは今夜も女性の熱い視線を集める。おいらの熱い視線は後ろのオーディオシステムだ。黒人霊歌『ジェリコの戦い』を名にしたこのバーはジャズ専門で、音の良さはおいらをわしづかみにした。マランツのプレイヤー、一目ぼれで買ったというイタリアの真空管アンプ「パトス」のなんと魅惑的なことか。おいらも真空管派だが口惜しくて値段を聞けない。ペンライトを借りて後ろのＣＤラックにしゃがみこみ、一枚を選んで渡した。

「初めて来たときドナルド・バードをリクエストしたので、いい趣味だなあと思いました」

口もうまい。流れ始めた女性ボーカル、ベバリー・ケニーは家で聞くより何十倍もいい音がする。

「ブッシュミルズのハイボール」（七星）

「竹鶴12年のオンザロック」（亀次）

「ラフロイグのソーダ割」（ミホ）

三杯をさし出し、ところでと言うようにハンサム浦田氏が我々を見た。

「皆さんは、何をやっている人ですか？」

ブフッ……。三人がむせこんだ。

冬《ふゆ》かもめ立山連峰《たてやまれんぽう》高《たか》きなり　七星

大雪嶺《だいせつれい》矛納《ほこおさ》めけり劒岳《つるぎだけ》　亀次

十二　金沢

俳句修行の長旅もようよう終着金沢へ
俳道初心つらぬくかはたまた酒道を究めたか

「赤カレイ煮定食」

「刺身定食」

「………」

七星、ミホの二人はあっさりと品書きを閉じたけれど、亀次だけが決まらない。未練は「のどぐろ塩焼定食」だが、値段二八〇〇円が躊躇させているようだ。金沢近江町市場はカニ、ブリ、カレイなど冬最盛期の魚があふれ、緑鮮やかな青野菜には早春の気配もある。市場内にある近江町食堂の昼どきの行列に並び、ようやく席が空いた。

「のどぐろ塩焼定食ください」

「焼物は二十分ほどかかりますが」

「………」

またしても迷いが入る。やはり皆いっせいに食べたい。

「いいじゃないか」

三人一緒に出してください、その前にビール一本とヤリイカ刺身。おいらの案でようやく注文が決まった。

ングングング……。

おくのほそ道をたどり東京千住を出立した七星・亀次・ミホの三人は、東北を一周して金沢までやってきた。間もなく三月、春も近い。

〈行く春を近江の人と惜しみける〉芭蕉師の名句だ。

〈くる春を近江町食堂で待ちにけり〉くだらない事を言ってビールは二本になり定食が届いた。二十分待ちは食欲にはずみをつけ、市場の魚に釜炊きのご飯がおいしく、もりもり平らげた。

近江町に続く尾張町は古い町並みだ。小雨のあがった通りは空気冷涼、視界明瞭。左に「泉鏡花記念館」がある。ここで生まれた鏡花は小説家をめざし十七歳で上京する。

加賀百万石の城下町金沢は、伎楽、工芸、茶の湯など文化を尊び、〈松の上から謡いが降って来る〉、庭職人が謡曲をうなりながら仕事すると言われた。その伝統は文学に通じ、三大文豪、泉鏡花・徳田秋声・室生犀星をはじめ、旧制四高に学んだ若き日の中野重治・井上靖や、当地に住んだ五木寛之など金沢ゆかりの文学者の系譜は続き、泉鏡花文学賞は評価が高い。記念館裏の久保市乙剣宮《くぼいちおとつるぎぐう》は鏡花子供時代の遊び場で〈我が居たる町は、一筋細長く東より西に爪先上りの小路なり　鏡花作『照葉狂言』〉と解説板が立ち、脇に句碑がある。

うつくしや鶯あけの明星に　鏡花

いかにも鏡花らしい美への憧れ。筆は鏡花の挿絵を多く手がけた鏑木清方だ。社殿右から鉤の手に降りる石段「暗闇坂《くらがりざか》」は鏡花の舞台そのままに桜が植わり〈照葉さくら命名の記〉がある。

てり葉輝く桜のひともとを
　われら植えたり
年々歳々花あたらしく
　浅野川流れてやまず
美しき歴史生るる町

JR
金沢Sta
至富山
倫敦屋酒場①
近江町市場
主計町茶屋街
城北大通り
ひがし茶屋街
卯辰山
泉鏡花記念館
金沢城公園
兼六園
お堀通り
百万石通り
梅ノ橋
高砂は
治部煮
大関③
浜長い
承知！
片町
犀川
犀川大橋
木倉通り
バースプーン②
猩猩に
かぶら寿司
オムレツ
広坂ハイボール③
蓮根蒸し
お通し
加賀

旅人も訪ないたまへ

このあたり「主計町《かずえまち》」は旧町名の復活で、「飛梅町」という美しい名もよみがえったという。検番、料亭の二階家にはさまれたせまい小路を抜けると浅野川だ。水勢強いおとこ川の犀川に対し、しめやかに流れる浅野川はおんな川。二つの川にはさまれて金沢城と兼六園。三つの花街、浅野川向こうのひがし茶屋街は武家、犀川向こうのにし茶屋街は町人、ここ主計町は通人が通ったという。

「いいところだねえ」

金沢には初めて来たという亀次が浅野川大橋から川沿いの家並を見てつぶやいた。三連アーチの石橋・浅野川大橋は大正十一年架橋の登録有形文化財、上流の木橋・梅ノ橋は鏡花作『義血俠血』の水芸役者・滝の白糸像が脇に立ち、卯辰山に向かうアーチ鉄橋・天神橋も物語に登場する。

きっちりした敷石道をはさむ千本格子のひがし茶屋街家並みは、雨上がりの傘を手にした観光客がひきもきらない。抜けた子来坂上の宝泉寺は加賀初代藩主・前田利家の守本尊だ。昨夜の金沢は雪で、急坂は青竹を背に満開の紅梅が残雪に映え、半分雪に埋まる小さな石菩薩たちの素朴な表情は見飽きない。

登りきると眼下に町が一望になった。日本文学研究者ドナルド・キーンが「落陽の光景は金沢一」と讃えた風景に今来た三つの橋が見える。遠い山並は春を待ち、先の日本海はかすんで見えない。

雪埋みの金沢ながる浅野川　七星

雪解川渡る向うも里の屋根　亀次

夕刻、片町の「浜長」に入った。小橋の玄関は割烹のおもむきながら手頃な値段で加賀料理を楽しめる。お通しの蓋物は「たら白子汁」。

「熱いうちにどうぞ」

置くことあたわず、冷えた体に一気にすすって「アー」と息をもらす。金色扇面皿はのどぐろ肝酢味噌・数の子・鯵寿司・菜の花ごま和え・甘海老糝薯《しんじょ》。工芸品のような料理に桜花を一輪添えて豪華な皿に盛る加賀料理の面目躍如。糝薯の表面に芥子粒を敷き詰めたものを「松風」と言うそうで、謡曲「松風」を思い出す。

「豪華だねー」

「きれいだわあ」

東北を一周してきたがこれだけの料理はなかった。通人はあえて京都を避け金沢に遊び、かの魯山人もながく逗留して味道を追求したとか。季節の「がす海老刺身」はむっちりと甘く、「たら子付」は鱈昆布〆に、湯煎してほぐしたタラコを淡雪のようにまぶして味を重ねる。粘りのおいしいお浸し、加賀野菜の金時草は葉裏が金時（さつまいも）のように赤いのでこの名がついた。

「こいつはたまらん」

亀次がうめくのは飛騨コンロ炭火の金網にのせたヤリイカの耳とゲソ焼。一味をぱらりと振り、温める程度がじつにうまい。冬の加賀野菜の白眉、蓮根の擂り下ろしに葛打ちした「蓮根蒸し」は百合根、銀杏をあしらってもっちりと濃厚だ。金沢の人は蓮根を尊び、乳の出がよくなると妊婦に食べさせ、名産地小坂では「新婚、蓮根、生蓮根」と囃し歌があるそうだ。

「なにもかもうまい！　あとはイカの黒造りでいい」

「承知！」

出た、主人の口癖「承知！」。これが出れば大将はご機嫌だ。昭和二十四年生まれの石上和利さんは京都で十年の料理修業を終え、田舎に帰っておでん屋でもやろうと名職人・野村孫太郎にアカ（銅）のおでん舟を発注。当時で三十八万円もしたが、料理の師匠からせっかく修業したんだから一度は料理屋をやってみろと言われ、金沢のビル地下五坪の店を二十五歳で始め、今や大勢の職人が働く金沢きっての名店になった。

店のマッチの文〈海でとれるもので本当に旨いのは、必ずどこかで海の匂いがする吉田健一・私の食物誌〉は、常連の人が中央公論社の知りあいを通して吉田健一の了解をとってくれたという。言うまでもなく食通で知られた作家・吉田健一には、食べ物のうんちくを極めた長編『金沢』がある。

「吉田健一はここに来ましたか？」

「それが、すぐ亡くなられまして」

三十八万円のおでん舟は一度も使わずとってあり「まあ、ここがつぶれたら出番です」と笑う。ぴりりと辛味の利く銭菜《せんな》（山葵の葉）に酒がぐんぐん進む。「地酒を見せてくれ」「承知！」と並んだ、手取川・萬歳楽・加賀鳶・黒帯・菊姫の一升瓶五本はさながら金沢白浪五人男。「問われて名乗るもおこがましいが」「さてどん尻にひけえしは」調子に乗った「東北なんか行かず、ハナっからここに来てりゃよかったんだ」の科白は本末を転倒していた。

ここ片町から香林坊が金沢の夜の繁華街だ。香林坊交差点を入った小路の風格ある木造二階建のおでん屋「高砂」は湯気のしみた店内の艶に、いい匂いが漂う。

「ふかし、って何ですか？」

ミホの訊くおでん種「ふかし」は金沢のおでん鍋物に欠かせない、はんぺんのようなもので、丸谷才一『食通知つたかぶり』に「はんぺんは嫌いだがこれはいける」と書かれる。出汁は昆布・鰹節に牛スジも入る関東関西ミックス。高砂は豆腐や大根にはゆい柚子味噌たれをかけるのが特徴だ。梅貝は注文ごとに特大を煮て中をひねり出す。これにイワシとメギスを合わせたイワシ団子で金沢おでんは完成する。

ツイー……。

おでんには厚手コップ酒。寒い日に待たせないよう燗酒はポットに入り、注文すればすぐ出る。金沢はおでん屋が多く、「高砂」は昭和十一年開店。「赤玉」は昭和二年、近くの「菊一」は昭和九年。以前菊一の主人から「飲食街はおでん屋の多い町と、焼鳥屋の多い町の二つに分かれ、金沢はおでん」と聞いた。確かに金沢に焼鳥屋は少なく、主人言うには、昔の金沢は学生の町で金欠学生に安くて腹のたまるおでんは喜ばれたと。

「おでん屋文化の町の方がいいな」

「焼鳥は下品だよ」

おでん酒酌むや肝胆相照らし　誓子

蒟蒻に歯形残しておでん皿　七星

おでん酒槽に役者の揃ひけり　亀次

次はバー。片町交差点の裏に四方からライトを浴びてそびえ立つ「倫敦屋酒場」だ。

「こんちは、三人」

「お、いらっしゃい」

家具調度すべてを英国から運び、改装に改装を重ねて大きな店になったが、小部屋、地下室、階段隅や大机など、どこの場所でも飲んでみたい魅力がある。おいらはいつもマスター・戸田宏明さんのいるカウンターだがこれがユニークで、寿司屋のような檜の大俎板を置き、フルーツは笹を敷いた木箱からその都度とり出す。

「バーは仕事を見てもらう商売。シェイクだけが見せ場ではありません」

ミキシンググラスでバースプーンを回すステアや、クリームなどのフロート。フルーツカットのナイフ捌きはバーテンダー技能試験に欠かせない種目だ。「葡萄のマティーニ」の技と味が冴える。戸田さんは白髪まじり、口髭、蝶タイに白いバーテンダーコートがぴたりと決まり、円熟の境と思えるが口調は若々しい。山口瞳に心酔して全著作を飾り、倫敦屋酒場の登場する『行きつけの店』の装丁がおいらなのも知っていた。正面の額〈今日無事　山口瞳〉、直筆句〈時雨るるや金沢片町倫敦屋〉の白麻暖簾は宝物という。金沢はどこに行っても文士が現われる。

バーではカクテル派のおいらだが最近ウイスキーも飲むようになった。でも癖の強いのは苦手、アイリッシュのソフトなのを水で割って、とぼそぼそ言うと戸田さんが莞爾と微笑んだ。

「男が腹を割って話す時はウイスキー」

この一言はおいらにグサリと来た。そうだ、ウイスキーはそういう酒だ。好みはもう言った。

「では、何かおすすめを」

「かしこまりました、飲み方は？」

「ツワイスアップ」

「承知しました」

数ある樽から選んだのはスコッチ「グレンギリー」。「ツワイスアップ（ウイスキーと水を一対一に割る）はよい飲み方ですが、これを試してください」とスニフターグラスのストレートにバースプーン一杯の水を足した。グラスを少し揺すって香りをかぎ、ひとくち。

ツイー……。

「あとワンダッシュ」

さらにスプーン一杯水を足す。

ツイー……。

「……うまい、このぐらいが丁度いいなあ」

「ははは、最初から一対一にしちゃうのはもったいないですよ」

「へー」一部始終を見ていた亀次が感心して背中をおこした。

春近しといえども北陸はまだ寒く、夜空の月も凍えている。ミホは帰り、二人は暗い道をふらふらと。めざすは「広坂ハイボール」。木の外階段をぎしぎし上る。

「あ、太田さん」

憶えてるかなと思っていたが憶えていた。一度来て、その後手書きの「広坂ハイボール通信」を送ってくれるようになり顔を出そうと思っていた。マスター宮川元氣さんは白い衿なしバーコートに海老茶の蝶タイ、きっちり固めたレトロな七三分けの髪が大正モダンムードだ。

「ハイボール」

「オレも」

ウイスキーはデュワーズ、炭酸はウィルキンソン、レモンピール（レモン皮をひねり霧に吹く）したハイボールはすっきり。広坂ハイボールは平成元年の開店で今のハイボール人気のずいぶん前だ。これをメインにするつもりはなかったが、平成二年に閉店した神戸の伝説のバー「コウベハイボール」に入り考えが変わったと聞き一膝のりだした。コウベハイボールは八オンスグラスにウイスキーはサントリー白札、ウィルキンソン炭酸、レモンピール、氷なし。炭酸を両手に二本ずつ持ち、四杯同時につくる妙技を見たという。

広いガラス窓から駐車場の常夜灯が見えるカウンターバーはアメリカのようだ。演劇仲間がよく来て、宮川さんは五年前請われて公演舞台に立ったそうだ。

「へえ、その間、店はどうしたの？」

「私たちがやりました」

何か話したげにしていた、これもバーコート男支度に黒縁眼鏡の女性が加わる。黒板から選んだアンチョビ風味の「バーのオムレツ」がうまい。

「いいなあ、金沢。もう一杯！」

「オレも」

俳句はすっかり忘れ去られたようだった。


寒い、ぶるぶる。朝からぱらついていた小雨は霙《みぞれ》から雪に変わり、ミホは震え上がっている。傘売ってないかしらと探すが、兼六園に向かう広坂通りは風致地区らしくコンビニもない。俳句の連載だから吟行をせねばと出てきたが、一夜で真冬にもどったかのようだ。

真弓坂口から入ったがちょっと脇に抜け、開いたばかりの茶店の石油ストーブで暖をとった。正面に瀟洒な白壁の金沢城石川門がよく見え、高い石垣が三層、四層に続く城郭は加賀百万石の隆盛だ。熱い甘酒をすすり、傘も買って再出発。

前田藩何代もの造営の雄大な回遊式庭園は、宏大《こうだい》・幽邃《ゆうすい》・人力《じんりょく》・蒼古《そうこ》・水泉《すいせん》・眺望《ちょうぼう》の六勝を兼備する兼六園と名付けられた。冬の今は梢高々と雪吊りされ、青苔、組石に積み始めた雪が美しく、池泉のさざ波、せせらぎの音色、カラスの鳴き声は、冬なお庭は生きていることをわからせる。小旗を先頭にした観光ガイドの説明をもらい聞きして歩く。

「水に張り出した四阿《あずまや》を御亭《おちん》と申します」

「おちん、か」

「二軒並ぶと、何と呼ぶ」

寒さに震えながらも言うことは下品だ。琴柱《ことじ》に似る形から名がついた徽軫《ことじ》灯籠を背にした小さな虹橋は写真撮影スポットでカップルが並ぶ。「撮るわよう」ミホの奨めで野郎二人が立ちVサインを出したのは異色の光景だ。しばらく行くと芭蕉句碑があった。

あかあかと日は難面《つれなく》も秋の風

照りつける残暑の陽射しにふと秋風を感じる。元禄二年（一六八九）夏七月十五日、金沢に入った芭蕉は俳諧熱心な土地柄に九日間滞在して句会に参加、この句を詠んだ。兼六園造営は延宝四年（一六七六）に始まるが、芭蕉がここを訪ねたかは定かでない。

石橋の形に雪の積みにけり　七星

雪吊りの水面にひらく舞扇　亀次

さて今宵も。ミホの俳道ならぬ酒道は進捗著しく、「今日は大衆酒場がいいわ」と提案する。高級食文化の金沢に大衆居酒屋は少ないが、新天地と呼ばれる木倉町に老舗「大関」がある。斜めに折れるカウンターはここもおでん舟。加賀の源助大根は太いが煮崩れせずおでんやブリ大根に欠かせない。包丁に鮮血ほとばしる活き寒鮒の洗い、加賀名物の治部煮がおいしい。

大関を始めた平角太郎さんは明治三十九年金沢生まれ。茶屋街に店を持っていたが、五十歳のときこれからは大衆相手にと考え、当時は淋しかったこの木倉町に店を出した。額の〈料飲組合表彰状〉は昭和九年。もう一枚、小泉純一郎名の〈一〇〇歳長寿記念〉は平成十八年。この間なんと七十二年の開きがある。昨年十二月で百三歳。今は玄関に座って客の顔を見るのが楽しみで、客もまたそれを楽しみに来る。おいらは以前来たとき手を握らせていただいた。

「今日はお爺さんは？」

「寒いのでお休み」

そうそう大事をとらなきゃ。どうぞ御身ごたいせつに。うちは代々家族従業員と笑う温かい奥さんがいい。ここは金沢居酒屋の原点と信用厚い。

「昨日ニューグランドで……」

隣りのご婦人の声に耳を傾けた。金沢は今〈フードピア金沢２０１０〉として様々な食イベントを開催中で、その催しの一つに作家・村松友視氏が来られていることを昨日知った。ご婦人はそれに参加したという。

「村松さんは、どんなお話をされましたか」

「影笛です」

影笛は暗くした座敷に大蠟燭を二本立て、その灯にゆらめく影の中で、吹き手が姿を現さず笛の音だけを楽しむものという。おいらは五木寛之氏『金沢ものがたり――主計町あかり坂』の、主計町で芸妓をしながら父譲りの笛に打ち込み、最後は異才の笛名人と笛合戦をする女主人公を思い出した。村松氏、五木氏はともに泉鏡花文学賞選考委員の重鎮。ここにもまた文士がいた。

香林坊から長町武家屋敷に通じる水路に沿う小道はどの家も玄関前に小橋がある。その一つを渡って「猩猩」のモダンなカウンターに座った。黒トレーナー、酒屋前掛けのマスターはいがぐり頭に白いものも見えてきたが、十一年目に入った店の自信があふれてきたようだ。

「太田さんが来たのは開店して五年目でした」

そうかなあ。それよりも濡れた瞳、セクシーな受け唇の美人娘が気にかかる。「イガラシ君、お燗して」マスターが言う。名前はイガラシさんか。ここは北陸の酒が充実し、大きな御影石を蹲踞《つくばい》のように刳《く》り貫《ぬ》いて一升瓶を何本も冷やしているのがいい。お燗番イガラシさんへの「常きげん　山廃純米無濾過生原酒」のお燗はおいらの注文だ。

ツイー……。

「ちょいぬるいな、もう少し熱く」

「はい」

ぬる燗もいいがこれも会話のきっかけだ。ミホがおいらの下心を見抜いたように見る。しばしあって。

ツイー……。

「いかがでしょうか」

「ウン、これだ」

「ぼくも一杯ちょうだい」

ビールを飲んでいた亀次が盃を出す。

「イガラシさんは学生？」

「はい」

金沢大学工学部土木建設工学科とは立派。黒髪ポニーテールに黄色の現場ヘルメットは似合うだろう。

「これはおいしい」

ミホが声をあげるのは「実家製かぶら寿司」だ。自家製ではなく「実家製」というのがいい。マスター母上の手製で蕪も自分の畑。白蕪にはさんだ鯖はまだ赤々として、しっとり熟れた味わいがすばらしい。お母さんごちそうさまです。

「カンパーイ」

隣りの若い三人の一人は金沢大大学院卒業が決まり、アルバイトしていたここに祝杯を上げに来たという。兼六園に向かう途中の赤煉瓦校舎・石川四高記念館の解説に〈旧制四高の学生生活は『超然』としている〉とあった。一高（東大）、二高（東北大）、三高（京大）、四高（金沢大）。金沢の学生は居酒屋に来る率が高いそうで大変結構。おおいに超然とやってくれ。

「おめでとう、専門は何？」

「生物学です」

「就職は？」

「決まりました！」

「マスター、祝いの酒出して」

「やったー」

若い奴はいい。もう春だ、春はそこに来ている。

それから「バー　スプーン」に行った。へちま衿黒タキシードを着こなした男三人のダンディなバー。マスター細田良幸さんは目鼻立ち大きく、がっしりした手と渋い声は個性派で男くさい俳優チャールズ・ブロンソンに似る。鋭い機関車シェイクのサイドカーがうまい。

「金沢はいい町ですね」

「都市の良さは、路面にどれだけいい店があるか、だと思うんですよ」

その通りだ。通りにおでん屋、バーのある町はいい。……このへんまで話したのは憶えている。

おくのほそ道紀行を忠実に支えた随行者・曾良は腹を病み、金沢の先の山中温泉で芭蕉と別れ、先に帰ることになった。

行き行きて倒れ伏すとも萩の原　曾良

〈帰路に行き倒れても萩の花が咲く野であれば本望だ〉曾良は病を気づかう芭蕉にこう詠んだ。

今日よりや書付消さん笠の露　芭蕉

〈ここまで来れたのも曾良のおかげだ。「同行二人」の字を笠の露で涙ながらに消すとしよう〉芭蕉はこの句で答えた。

同行三人「居酒屋おくのほそ道」もここ金沢で上がりにしよう。

「オレたちも今日で最後」

「お疲れさまでした」

「ミホもご苦労さん」

最後の盃を上げたような、こぼしたような……。

＊

翌朝はやくミホは飛行機で、飛行機嫌いの亀次は電車で東京に帰った。一人残されたおいらは敦賀行きの電車に乗った。

敦賀はすぐ先も見えぬ吹雪だった。駅前のビジネスホテルにもぐり込み、何もかも忘れて眠った。目覚めると外は暗く雪は止んでいる。歩いて入った小さな居酒屋に客はなく、燗酒を手に福井県内天気予報のテレビを眺めた。明日は晴れるが寒さは続くそうだ。

芭蕉の後をたどって俳句は上達したか、最後はそんな話をしたような気もする。俳句とは何だろう、芭蕉は俳句に何を託したのだろうか。「もう一本」ゆるゆるとおかみさんが立ち上がり、おいらは一人で盃を重ねた。

翌朝は予報通り晴れたが寒い。訪ねた気比神社は壮大な朱の鳥居が京に近いことを思わせ、梅が香る。もう春だ。境内に杖を手にした芭蕉像が立つ。銘板〈芭蕉像のこと〉を読んだ。

〈片雲の風にさそわれて元禄二年三月二十七日江戸深川の草庵を立った芭蕉は日々旅を栖として、敦賀に杖を止めたのはその年の八月十四日夕刻である。芭蕉はまず待宵のこ気比神宮に詣で月下の社頭で二代遊行上人砂持ちの古例を知り深く感じて「なみだし

くや遊行のもてる砂の露」と詠み、推敲を重ねて「月清し遊行のもてる砂の上」となし、おくのほそ道にこの句をとどめた〉

「砂持ち」とは北陸を布教していた時宗二世遊行上人が、ここ気比社の周りが沼地で難渋しているのを見て、海辺より砂を運んで参道を造ったことを指す。

〈仰ぎ見る芭蕉像は長途の漂泊の果てに得た安らぎの姿をとらえて余すところがない〉

末尾の一文はまことにその通りと思えた。

ほそ道《みち》に梅一輪《うめいちりん》の旅果《たびは》つる　七星

展《ひろ》げたる句帳《くちよう》の余《よ》白雪《はくゆき》の果《はて》　亀次

（完）

希望の光——あとがきにかえて

「居酒屋おくのほそ道」は雑誌「オール讀物」二〇〇八年五月に隔月連載が始まり、二〇一〇年三月に完結した。その一年後の二〇一一年三月、東日本大震災がおきた。
震災からおよそ一ヶ月後、オール讀物から「特別紀行　おくのほそ道居酒屋再訪」の原稿を依頼された。私も東北の惨状にふかく心を痛め、その後の様子を知りたい気持ちがつよく、かつて歩いた地を訪ねることにした。俳句を詠みながらの呑気な道中とは違う。私は深い緊張を持って出かけ、その緊張をくずさぬよう原稿にした。その文をもって『居酒屋おくのほそ道』のあとがきにかえたい。

東日本大震災からおよそ五十日が過ぎた。三日前に仙台まで復旧した新幹線は明日からの五月連休を目前に、仙台営業所を訪ねておくビジネスマンや、土産や慰問品だろうか大きな包みを提げた帰省家族らしき人で満員だ。登山装備のような屈強な支度はボランティアの人かもしれない。

オール讀物で連載した「居酒屋おくのほそ道」は東京千住を起点に日光、会津を経て仙台は秋に訪れた。芭蕉のあとをたどって俳句を詠みながら居酒屋を訪ねる道中は楽しく、私も同行絵師も担当編集者も、みちのく東北の美しい風景、豊かな味覚、厚い人情を満喫した。そのとき出会った人をどうしても慰問したい気持ちでこの列車に乗った。

車内は満員だが誰もが同じ気持ちのように静かだ。この新幹線で山形市の大学に七年間毎週通っていたが、見飽きた窓外が今は全く違って感じられ、未曾有の災害が三月十一日以前の風景を貴重なものに見させる。福島をすぎて緑にまじる桜が、咲き終えた木から次第に花盛りへ変わってゆく。津波に倒された桜が満開の花を咲かせたと新聞に出ていた。瓦屋根に被るブルーシートが目立つ。通常よりも時間がかかって到着した終点仙台の駅ビルは全体がすっぽりシートで覆われていた。市内のいたるところに「がんばろう東北」「がんばろう宮城」の垂れ幕がある。

まず、もつ鍋居酒屋「正時浪《しょうじろう》」に神尾正次郎を訪ねた。オーナーの彼とはおよそ十五年のつきあいで、鍛えたボディビルダーにして、銀座の画廊で毎年個展を開く画家でもある快男児に私は惚れ込んだ。「居酒屋おくのほそ道」で一行を正時浪に連れて行くと、ゲストの俵万智さんともども、彼の礼儀ある情熱家の男っぷりにファンになった。

「正次郎！」

「太田さん、よく来てくれました！」

がっちり握手をかわす。家族は東京住まいだそうで何ごともなかったと聞きひと安心して、話を聞いた。

地震の時は納品業者もふくむ七人のミーティング中で、それを終えて東京に行く日だった。机に置いた携帯電話が警報音を発して約十秒後に激震がきた。二日前にかなり揺れたがはるかに大きく止まらず、「外に出ろ！」と前の道に飛び出すと、地面の下からボコボコと沸騰するような叩き上げる音がして地面が揺れ、立っていられない。ビルのガラスがビリビリと鳴り、電柱もビルも左右に振れ、見上げた貯水タンクが倒れて水がどうと流れ出る。このあたりはマンションやホテルもあるが、すぐには人は飛び出してこず通行中の車はすべて急停止した。

揺れが終ると雪が降り出した。店は酒瓶が割れて散乱し、停電の暗闇に非常灯も作動しない。携帯電話のテレビで大変なことが起きていると知ったが、三十分もしないでまたグラグラ揺れる。この地震はまだ終っていないと不安なうちに冬の短日はたちまち暗くなった。その日は金曜日で予約は満席だったが店は閉め、家に帰れる者は帰し、正次郎と帰れない男三人はここに泊まることにした。店の机を全部寄せて場所をつくり、アウトドア好きの一人がいつも車に積んでいるローソクや懐中電灯などを運んで小テントを張り、椅子を並べて寝場所を作った。ガス水道は止まったが幸い店はプロパンガスで火は使えた。状況はわからないがともかく明日、明るくなってからだと横になったが絶え間ない余震で眠れない。

「太田さん、真っ暗って分かりますか」

外に出て真の暗闇とはこういうものかと知った。家明りも街灯も看板も自動販売機も一切が消えて物音一つない町に、明るいのは満天の星だけだった。

それから数日の籠城となった。食物はある。冷蔵庫は止まったが寒いので腐りはしない。水はビルの貯水タンクのを大切に使った。まずは体力。自分はタフな方だけど気持ちの維持に努めた。暗い中では話をする以外に何もできない。小さな舟で目標もなく漂うのではだめだ、これからの目標を持とう。話をすることが気持ちの維持になり、仲間とあれほど語りあった数日はなかったと言う。

町は水探しの人が出てきた。近くの西公園の公衆トイレの水道が出ると知れわたると二百人もの列になり、一人でいつまでも大きなポリタンクに注ぐ人にはブーイングが出た。雪の降る中に帽子、マスク、ダウンジャケットで、空ペットボトルなど役立つものを探す人が徘徊する。近くの立町小学校が避難所になり行ってみたがとても安眠できる状態ではなく、籠城を終えても二週間は車の中で寝た。ガソリンを求める車はスタンドから周辺道路を三周して二日半も並び、一人一回二千円分だけが入れられた。

食料ルートは野菜から出回り始め、一個五百円もするキャベツを買い、スープストックで家庭用野菜鍋の路面売りを始めて喜ばれた。正次郎がアトリエ兼住居に近所に借りている部屋は散乱のまま放っておいたが二週間後にプロパンガスの修理ができて、ようやく自分もみんなも風呂に入った。

正次郎は原発災害のおきている福島県南相馬市（旧原町市）の出身だった。十七歳まで一家はそこにいた。彼が高校生のとき原発工事が始まり、高校を卒業しても就職の決まらない者は、国道六号線に一日おきに出る原発工事現場日雇い集めに出た。放射線の説明があり、防護服を着て一日二時間の仕事で月に六十万になったという。

あのあたりはドライブにすばらしい海岸通りで、東北のカリフォルニアと呼んでいた。地震前の三月に東京から奥さんと高校が春休みのお嬢さんが仙台の正次郎を車で訪ね、来る時は高速だったが、帰りは海岸をドライブがてら原町で墓参りをしてくれた。その一週間後に原発事故がおきた。「墓石も倒れたか、様子も見に行けなくなった。あの墓参りが大切だった」と言う。

三月二十日に店は再開したが十分の一も売り上げがなく、地下鉄も復旧していない時に人々はまっすぐ家に帰る気持ちが強いことを知り、それならばとせっかく来てくれたのだから盛りも良くして、持ち帰りも奨励した。何よりもスタミナのつくもつ鍋で元気を取り戻してほしい、売り上げはいらない。そういう気持ちが自分も店も支えた。

正次郎のながい話はこの一ヶ月あまりの自分をかみしめるようだった。彼がこれほど語ったのは初めてだ。

「夜また来る、今夜は飲むぞ」

「お待ちしてます！」

ようやくいつもの顔が輝いた。

仙台の飲み屋街は国分町を中心にあちこちに横丁がある。大正十三年にできた文化横丁、通称ブンヨコの奥の奥、幅五十センチの通路どんづまり「源氏」ののれんをくぐった。

「いらっしゃいませ」

古風な髪形に長白割烹着、細面のおかみさんがいつもと変わらず両手を前に一礼して迎えた。何度も来ているが、ここが地震で崩れることはまずあるまいと思っているのは、建物は古い米蔵だからだ。先人が地震や火災に耐えるように考えた蔵造りは、普通一間おきの柱を三尺おきに立てる。厚く塗りこめた土壁は火を防ぐが揺れには崩れる。崩れても建屋の骨組みは残るのですぐ再生がきく。この米蔵の柱は一尺おきで、床は大きな天然石の石畳だ。

「何も変わりありませんね」

「宮城沖地震のときは開店中で瓶を手で押さえましたが、今回はこの三本が倒れました」

料理差し出し口の上の浅い棚に立てた一升瓶は今は帰る時に床に置くが、そもそもブンヨコのある一番丁は地盤が固いのだそうだ。とはいえ電気水道は翌日回復でもガスは止まり、当店名物の流動式燗付器が使えないので休業。先週ようやくガスが来て再開できた。

その燗酒がおいしい。開店五時に一人、また一人とやって来る年配紳士は、昭和二十五年の開業から何も変わらないここへ安心しに来ているようだ。休業中に四回来た人もいたそうだ。そのことは私に居酒屋の意義を思わせた。ただ単になじみの店で飲みたいだけではなく、変わらない日常を確かめに来るのだと。

突然揺れが来た。東京のグラグラとちがいビシビシと確実感のあるシャープな揺れだ。店がギシギシするのがわかり、周囲を見回して身を固くする。しかしそれは私だけだった。「四だな、五はないよ」。みな盃を手にしたまま落ち着いている。おかみも少しも騒がない。このぐらいでは驚かないようだ。「フー」私は浮かせた腰をおろした。

「正時浪」はほどよく混んでいた。今日は四月二十八日。明日からのゴールデンウィークを前に居酒屋に入ろうかという気分がただよい、スタッフの張り切りもすごい。厚い胸板を白のヘンリーネックTシャツ一枚におさめた正次郎も、注文とりに、料理出しに、洗いものにと少しもじっとしていない。

「太田さん、今日の注文はまかせてください」とまず届いた〈みそ〆鯖〉は、ほんの浅く味噌で〆た鯖を柚子酢で食べ、脂ののった厚切り鯖のコクを味噌の香りがダイナミックに強調する。軽く焙ってもいいですよとカセットコンロに鉄鍋を置いたが、その間もなく食べ終える。次の〈イカ刺し〉は、イカの腑（ワタ）を仙台味噌と白味噌でどっさり和えた上にきれいなイカ刺しを置き、刻み茗荷と浅葱《あさつき》を散らす。あっさりしたイカ刺しがどっしりした重量感を持って箸が止まらない。合間にどうぞと置いた漬物は〈カブときゅうりのニンニク漬〉と〈干し鉈《なた》切り大根の浅いキムチ漬〉だ。どれも食べるとどんどん元気がわいてくる。

私は感動した。骨太で味は強くスタミナのつく、これぞ東北魂の料理だ。震災でうちひしがれた身体と心にエネルギーがふつふつとわきあがる。満を持した再開に渾身の料理パワーが炸裂し「立ち上がれ東北」のメッセージがぐいぐい伝わってくる。さすがは正次郎！

真打ち〈もつ鍋〉もぐらぐら煮えてきた。震災後仙台では手に入らなくなった生モツは東京からの仕入れだが、伝統の黄金スープはさらに濃く、赤い糸唐辛子、緑のニラのからむ大きなキャベツがばりばりと食べられ、餅とちゃんぽん麺の投入が待ち遠しい。

「先生、お久しぶりです！」

若い女性の声はなんと東北芸術工科大学の教え子たちだ。後ろでにやにや笑うのは大学で同僚だった講師でこの近所にデザイン事務所があり、今日私が来ると知り、私のゼミ生で卒業後その事務所に入った子を通じて連絡をとったようだ。女子二人、男子一人、顔を見ればすぐわかる。さっそく机に集まり、「その後どうしてる？」の報告などしばし賑やかなあと、地震の話になった。

教え子女子の一人は大揺れのあと市内の勤め先から早帰宅となり、同僚が車で送ってくれたが郊外の家までの途中で、これ以上は帰りのガソリンがなくなる。悪いけどここまでと降ろされた。でもとても助かった。ひとり降りた仙台バイパスから仰ぐ雪の止んだ空の星がとてもきれいだったと言う。真っ暗な家に心配した父母が待っていた。その夜の親子三人、これほど家族のあり難さを感じたことはなかった。

仕事は休みになり、彼女はボランティアに出ることにした。岩沼市民会館は五〜六百人が避難していて、長野から来た大工さん三十人のグループの炊き出しを手伝ったり、救援衣類を運んで仕分けしたりした。交通手段はなく、家から歩いて行き、歩いて戻っている。明日からは石巻に行くそうだ。

〈イカめし焼きビビンパ〉がよい匂いをさせて皆がもりもり食べる。店は満員になり、正次郎はあれ以来初めてだとうれしそうだ。作業服の客六人は近所に泊まる救援隊という。上着を脱いだ会社員八人は久しぶりの居酒屋らしい。カウンターには若いカップルもいる。「正時浪」に集まってきた人たちはしばし自分を取り戻し、互いを確認し、こうして飲める幸せをかみしめているように見えた。

仙台と石巻を結ぶ仙石線は東塩釜までは復旧したがその先はバス輸送だ。「居酒屋おくのほそ道」で三年前にこの線に乗り、塩釜に芭蕉の足跡を訪ねた。

多賀城駅を過ぎると様相が変わってきた。駅ホームの下に流木が詰め込んだように集まる。柵につんのめったように尻を上げて小型車が放置されている。空地に連なるカーキ色幕営は被災支援の自衛隊だ。東塩釜駅は仮囲いがまわされトイレは使用不能。駅前の小ビルの建物基礎と地表は大きな亀裂が黒々と深く、倒れないかと心配だ。

昨日仙台駅に着いてすぐ、駅ビル地下の「すし哲・仙台店」に行ったのは「居酒屋おくのほそ道」で寄った塩釜の本店をふくめ、店のその後を知りたかったからだ。仙台店は営業していた。昼時に混み、陣頭で握る息子さんは目ざとく私を見つけ「親父んとこは明日からです、ぜひ行ってやってください」と大声をかけ、私はうなずいた。

駅から人影のない町を歩いた先に、三階建ての「すし哲」だけが活気がみえた。〈このたびは皆様の善意と協力により、四月二十九日（昭和の日）から営業再開いたします〉と貼り紙された玄関を入ると、「らっしゃい！」「いらっしゃい！」「えー、らっしゃい！」と方々から職人たちの声が飛んでくる。カウンターに親方の白幡泰三さんが立つ。

「開店おめでとうございます」

「ありがとうございます、昨日息子から電話もらいました」

深いしわの刻まれた老練六十歳の親方は、顔をくしゃくしゃにしてうれしそうだ。ここまで水が来たんですよと天井際を指さす。津波を知り全員三階に上らせたが、目の下に刻々と水位を上げる濁流を見て、三階に逃げたのは失敗だったかと思ったそうだ。ひとしきりして恐々と下を見に行くと大型の保冷庫がぷかぷか浮いていたという。

それからはがれき掃除、壁紙の張り替え、カウンターの削り直しなど、大勢の職人は包丁を大工道具に持ち替えて復旧がはじまった。なんとか仕入れのめども立ち、職人たちは昨日久しぶりに握る復習をしたそうだ。泰三さんは五十日の間、生き残った自分は復興に少しでも役に立たなければと、同級のレストラン主人と炊き出しなどを積極的にやった。

次々に祝いに訪ねてくる近所の人の応対に奥様もうれしそうだ。塩釜の名店の再開は地元の方に復興のきざしに見えているようだ。私はありがたく寿司と特上アラ汁をいただいた。

塩釜港に向かう建物の一階はどこも津波がすべてを流し去ったままの空き室で、泥が乾いて固まっている。並木の上にビニールがひっかかったままだ。人影のない町のあちこちにくしゃくしゃの自動車が残り、上下式パーキングにはどうすればこうなるのか不思議なほど車が縦に斜めに押しつぶされ詰め込まれる。津波の攪乱力はすさまじい。

塩釜港には松島遊覧船が停泊しているが、切符売場やレストランの「マリンゲート塩釜」は閉鎖されていた。三年前はここから芭蕉を追って松島瑞巌寺への船に乗った。波止場堤防に打ち寄せられたレストラン船は船室の中も泥だらけで放置され、龍と鳳凰の船首をもつ極彩色のみなと祭の御座船も見捨てられたように揺れている。津波が乗り越えた堤防通路は波打って大きな地割れが入り、小公園の立ち木もなぎ倒されている。
歌枕の地・塩釜は古来、芭蕉はもとより多くの文人が訪れ詩歌によんだ。堤防脇の「シオーモの小径」の敷き煉瓦はかなり遠くまで散乱して流され、宮澤賢治、正岡子規、北原白秋、田山花袋、与謝野寛・晶子、若山牧水、佐藤鬼房、高橋睦郎の詩歌碑すべてが海と反対側に倒れているのは最初の一波でなぎ倒されたのだろう。

松島の海を過ぐれば鹽釜《しおがま》の低空《ひくぞら》かけてゆふ焼け染めつ

仰向けに倒れた斎藤茂吉の一首はのどかな浦の情景をうたったと思うが、今は鎮魂の歌とよめる。
港から西にのびる塩竈海道に「塩竈百人一首」の碑があった。その一つ。

塩がまの昔の煙あともなしかすみはするゐにたちかくれども

隆祐集とあるこれもまた別の感懐がわいてくる。詩歌とはそういうものなのだろうか。そうも読めるから名作なのだろうか。

酒蔵「浦霞」の石蔵は変わりなく見えるが、大きな土蔵は白壁が剝がれ落ち、保安パイプで囲まれていた。「本日十時より営業再開いたします」と貼り紙された「浦霞酒ギャラリー」には蔵のハッピを来た女性二人がうれしそうに立つ。

「被害はありませんでしたか」

「ありがとうございます、うちなんか助かった方です」

三陸の日本酒蔵はいくつも壊滅状態になり、気をつかっているのだろう。

どこも閉めた通りに、創業明治二十七年とある阿部平かまぼこ店が開き、救いを求めるような気持ちで入った。

「いつから営業再開ですか」

「一ヶ月休みまして、四月十四日からです」

再開しても人通りのない町で店に入ってくれたうれしさが微笑にある。笹かまぼこ十個箱をお願いすると二個余分に袋に入れてくれた。翌日東京でいただき、たいへんおいしかった。

さらに歩いて塩釜神社の下に立った。倒れた巨大石灯籠をガードが囲むが、石の大鳥居は無事だ。ここから石段・二百二段の社殿ははるか高く、さしもの大津波もあそこまでは届かないだろう。いや、いにしえの人はそれを読んであの上に社殿を建てたのかもしれない。大石柱に「東北鎮護鹽竈神社」と大書される。私は東北の総鎮守に手を合わせた。

――犠牲者の霊を鎮め東北を復興に導きたまえ

仙台に戻り、国分町の居酒屋「一心」に行った。

仙台に「一心」あり。創業の柳澤光基さんは「宮城県産酒は宮城の宝です」を旗印に地産地消を追求して名居酒屋を作り上げた。彼の手法はすべて現地主義。思い立つと店はスタッフにまかせ居所も知らせずに各地をまわり、酒造りに畑に海に腰を据えて本物を見届け、店に送る。その彼がこの震災にどう動いたかを知りたく、移動中の某所から一日戻ってきてもらった。

「どうだった？」

「どうもこうも」

一体どこから話してよいのか、糸口を探すようにしばらくうつむいた。

近くにある住いから店に行こうとしていると激震が来た。三年前の岩手・宮城内陸地震も体験しているが今回はまるでちがい、バキバキとセメントが割れる音がして五分も揺れが続いた。店に急ぐ途中の国分町繁華街は壁や看板が落ち、雪が降り出してどんどん寒くなってくる。店は非常灯が点灯、瓶は倒れ、大型業務用冷蔵庫、酒の保冷庫は動いて場所が変わった。出勤の女性たちはものすごい地響き地揺れにしゃがみこむばかりだった。

その金曜日は春の歓送迎会など今日から客が来る日で、そのうえ数日前から魚市場は高級魚なども驚くほどの大量水揚げで、寿司屋あたりも一心もチャンスと山のように仕入れていた。阪神大震災のときも直前に魚が大量に来たという。

また一心は地下一階にあり、近所の飲食店も同じだったそうだが、地震の数日前から普段と違う臭いが地下排水口から上がって、これでは店を開けないと対策を講じていた。その後四月七日の大きな余震でも数日前から同じ臭いがわいた。

非常用に準備しておいた懐中電灯、カセットボンベ、活魚用の電池などをたよりに、店スタッフは畳座敷に泊まりこむことになった。電気は翌日回復したがガスは不通で、追加カセットボンベの調達が重要な仕事になった。店は開けたが客は来ず、高級な刺身を自分たちで食べた。

倉庫に借りていたマンションの九階に行くと「二手に分れて投げ合ったように」あらゆる物がめちゃくちゃに散乱していた。仙台駅は倒れたタンクで水浸し、エレベーター不通のマンションの人は十四階までの階段水運びが一ヶ月以上も続き、今も水が出ないところはいくらでもある。

しばらくして、心配した各地の一心ファンから食品、電気製品などの救援物資が届きはじめた。柳澤さんはそれに加えて被災地で必要と思われるものを手当たり次第買い集めてワゴン車に乗せ、気仙沼に向かった。

およそ二十年近く前、柳澤さんは一心を始めるにあたり気仙沼の「男山本店」にひと冬蔵入りした。その「伏見男山大吟醸中汲み」こそ一心のプライベートブランドで、私はこれで日本酒開眼したと言えるすばらしい名酒だ。かつて私も訪ねた男山本店は、港のすぐ近くに建つ日本酒には珍しいクラシックな西洋建築で国の登録有形文化財だが、この津波で倒壊した。一時は今年の酒造りをあきらめたが、やや高台にかろうじて残ったタンクを生かして搾り、復興の一歩としたと聞く。

満載の物資で駆けつけた柳澤さんは、足りないものを聞くとまた調達にかけまわり、軽油、プロパン、水（これが重かったと言う）などをかき集め、「もういらない」と言われたが、それなら欲しい人に回してくれと届け続けた。

気仙沼往復から戻るとき「何が食べたい」と聞くとぽつりと「刺身」と言われた。刺身など食べ飽きているはずの日本有数の漁港気仙沼に、後日タコとホタテを届けると

「刺身だ、刺身が来たぞ！」と目の色を変えて喜ばれた。

「一ヶ所集中です。一ヶ所が回復すればそこから広がる。ばくぜんと配るよりいい」

体育館避難所の板張床が冷えると聞いたある建材メーカーがすぐに断熱材二百枚を届けたが、分配の公平不公平が出たまま使われないでいるのを見て、大勢相手ではダメだと思った。

車で訪ねた避難所で、あの日は火の津波だったと聞いた。

「火の津波？」

倒れたタンクから流出した原油に火がつき津波に乗って火が押し寄せてきたという。訪れた沿岸部は重油くさく、風に舞う細かい砂を拭くと黒く残った。

放置されたがれきの原に、いつかは咲いてくれと花の種を振りまいているとお婆さんが声をかけ、ここは塩水がかぶったから無理だよと言われ残念だったと頭をかく。

丸刈り頭に太い眉、大柄な体軀が人を安心させるお坊さんのような柳澤さんは一人でどんどん行動した。

「一人ですぐやる、みんなでチャリティーもいいが、一人なら誰に相談もいらない、一人ならすぐに現地に行ける、そこで必要なことをその場でやる」

現地主義をつらぬく言葉に頭が下がる。それでも男山本店の再建は成るかどうかわからない。漁業、飲食業は一ヶ月休んだらもう倒産。まして一介の居酒屋など。今いちばん怖いのは東北を敬遠して客が来ない二次被害だ。国分町も明りはついたが売り上げはたぶん通常の二割でしょう、ウチだってどうなるか。

「しかし」と彼は顔を上げた。その顔が笑っている。自分は人と話すのが苦手だったが、被災者に向きあって自然にしゃべれるようになった。しゃべることが相手の心を楽にすると知った。「ぼくは性格が良くなりましたよ」の言葉に奥さんや女性たちが笑う。「ウチだってどうなるか」とうなだれた時も女性たちは笑みをうかべていた。いささか破天荒なオーナーをスタッフはしっかり認めて支えている。そう言うと彼は照れて言った。

「うちの店名は一心、心は一つです」

柳澤さんはどこかへ出発し、私は席を替えて一杯やることにした。おなじみ重箱入りの豪華なお通しは、活きボタン海老・活きホタテ・本鮪。再開数日後に来た客が、変わらずにこれが出たのがうれしいと言ったそうだ。酒の品書きにいつもと違うものがある。「宮城がんばれ四種セット」は、乾坤一・斗びん（村田町）／墨廼江《すみのえ》・出品酒大吟（石巻）／伯楽星・純米（大崎市）／田林・純米うすにごり（加美町）の四種。どの酒も大きな被害があった蔵だ。一心が宮城の各蔵に被害状況、救済支援状況、不足する物資などを問い合わせたアンケートの返信を見せていただいた。その一枚。

〈東北の地酒を買って頂くことで蔵を維持でき、社会にも還元でき、飲食店も活性化し、社会貢献ができ、復興の原動力となると思います。ご支援いただきたい。ありがとう宮城〉

「太田さん、これを飲んでください」と持ってきた一升瓶は石巻「日高見」の「震災復興酒・希望の光」だ。肩ラベルに〈絶対負けない石巻〉とある。裏におよそこのようなことが記されていた。

〈……震災の大揺れで、醗酵中の醪《もろみ》がタンクから溢れて床は白一色になり白い霧で奥が見えなくなった時、今まで聞いたことのない醪の悲鳴のような音がこだまして恐怖を覚えた。一週間が過ぎても復旧の目処はたたず醪の全廃を覚悟したが、二週間後に電気などが一部復旧してしぶとく生きている醪を発見、酒に搾る決意をした。その酒は力強い生命力にあふれて私達を深く感動させ、壊滅的な石巻にあって我々の蔵は生かされたのだと実感した。この酒を「震災復興酒・希望の光」と名付け、売り上げの一部を石巻市に献金する。飲んだ人たちの「希望の光」となりますように〉

その一口はまことに一途な力強い味がする。これを宝と言わず何と言おう。

もう一つ〈復興まかない酒〉と肩ラベルのある「綿屋まかない酒」は栗原市の「綿屋」が、求めやすい価格で大いに飲んで復興に元気を出してもらおうと、急きょ、純米と純米大吟醸をブレンドした蔵元まかない酒で、ねらい通りに気持ちが明るくなり、やる気が出てくる。

私は深く悟った。その時々で意図をもって搾り、ブレンドする日本酒は「気持やメッセージを表現できる酒」だと。それは他の酒にない日本酒のすばらしい特性であると。東北の人々のメッセージを私は酒からしっかり読み取った。

三月十一日、私は東京の仕事場で大揺れにあった。被害というほどのものはなかったが衝撃の映像に深夜まで釘付けになり、夕食をとったかも覚えていない。週一日の休肝日も守れない私だが、その日から全く酒を飲む気になれなくなった。四日目からは少し飲んだが気持ちは沈むばかりだった。どこにも行かない家ごもりの二週間後、重い気持ちをかかえて、夕方ある居酒屋に入った。大きな店はしだいに混んできて、互いの無事を確認するためにここに来た人が大勢いた。

店は満員になったがとても静かだ。店の人も黙々と仕事に集中している。いつもの陽気な喧騒のない店内は、誰もがこんな時に酒を飲みに来た後ろめたさを持っていた。

その光景は心の避難所に見えた。一人でいる心細さから人の顔を見に行く。そこで飲む、はらわたに沁み通る一杯の酒に自分が生きていることを確認し、それもかなわなくなった人を思う。何十年も居酒屋に通っているがこんな居酒屋は初めてだった。

二日間の東北の旅は私に、食べる物も、酒も、メッセージを持っていることを教えた。伝わってきたのは東北人の不屈の魂だ。それは優しくて強い、他人を助けることで自分も立ち直らせる共生の精神だ。ボランティアに通う教え子女子は、私の教えられなかったことを学んでいるにちがいない。

「太田さん、これ」と店の女性が小さなメモを渡した。柳澤さんが太田さんに渡してくれと置いていったと言う。そこにはこう書かれていた。

がんばれ、東北
がんばれ、仙台
心をひとつに、日本
心をひとつに、一心！

解説

小澤《おざわ》實《みのる》

芭蕉が『おくのほそ道』で目指したのは、東北、北陸の歌枕であった。歌枕とは、和歌に詠み込まれた地名。その代表的なものは、松島、象潟《きさかた》、最上川などである。平安時代、東北の歌枕を詠み込んだ和歌が多く作られたが、その作者の多くは京都を離れることがなかった。もちろん、能因、西行ら東北を訪ねた例外もいるが、多くの歌人たちはまだ見ぬ東北の地への憧れで、和歌を作っていた。それに対して、芭蕉は実際に奥州を旅して、現実に歌枕の地を踏んで、数々の名句を残してきた。この芭蕉による、現地主義、現場主義は、太田和彦さんの居酒屋を実際に訪ねての見聞記とたしかにつながる。太田さんが、紀行文『おくのほそ道』に魅かれるのは、そこに理由があるのではないか。

本書で太田さんは芭蕉の足跡を訪ねている。芭蕉の旅は歌枕を訪ねる旅だったが、太田さんの旅は居酒屋・バーなどを訪ねる旅である。歌枕が居酒屋・バーと重ねられているのだ。この趣向が楽しく、芭蕉好き、居酒屋好きには、心躍るものがある。

訪ねた街は、計十二。千住、宇都宮、会津、仙台、一関、盛岡、弘前、秋田、鶴岡、新潟、富山、金沢である。芭蕉の訪れていない、宇都宮、会津、盛岡、弘前、秋田なども入っている。芭蕉の旅を正確にたどることよりも、いい居酒屋・バーがある街を優先している自在さがうれしい。ただ、芭蕉が訪ねていない街の場合でも、多くの場合、併せて芭蕉の訪ねた地も訪れている。宇都宮の場合は日光、会津の場合は遊行柳を訪ねている。太田さんは居酒屋だけでなく、『おくのほそ道』にも本気で向き合っているのだ。


居酒屋・バーの名店が数々登場する。店の描写は、磨きに磨いた名人芸である。

たとえば、富山は駅前桜町の「親爺」。二代目・桶谷捷二さん、三代目・隆さんの店である。開店四時にはもう客が入っている店、という紹介から期待が高まる。まず、ビールで名物「カニ面」。香箱カニ一杯の身をほぐしカニミソ、カニの卵と和えて甲羅に詰め、おでん舟で温めたもの。説明を書き写しているだけで、うれしくなってくる。

「『はい、お待ちどお』三代目が包丁をふるっていた刺身盛り合わせの見事なことよ！」

三代目が刺身盛り合わせをカウンターに出す際の威勢のいい、気合いの入った声を聞き取る。そこに気持ちのいい空間が生まれている。そして、描写が始まるのだ。

「ブリ、メジマグロ、ヒラメ、アマダイ、ホウボウ、甘エビ、白《しら》エビ、バイ貝。まさにキトキト。これには酒だ。隆さん推薦の砺波《となみ》の酒『太刀山・極寒仕込み純米原酒』は富山酒らしいきれいな旨味。富山酒を支えるのは立山の伏流水で、太刀山は庄川水系だ。では刺身。ブリはさすが、ヒラメ、アマダイ、ホウボウの白身グループはもっちりと味が締まる寒い日本海の味、そろそろ終わりという富山湾の宝石・白エビの透明な甘味、緑のエビ子がまた……」

魚介の名前がリズム佳く並び、その鮮やかな色と形とが酒を呼ぶ。酒の味の奥に、立山が聳え立つ。さらに重ねて、魚介の味覚が語られていく。酒好きのくいしんぼうの興奮が伝わってくるような、鮮やかな文章である。唾液がわきだしてしまうのをがまんできない。どうしても体が反応してしまうのだ。

この上さらに四品の昆布〆で、燗酒を楽しんでいる。読者の頭はもはや魚や酒でいっぱいになってしまう。富山に「親爺」を訪ねたくなってしまっているのだ。このような店が、それぞれの街にある。本書は、最高の居酒屋案内書である。

さて、芭蕉の旅に曾良が同行したように、この旅には同行者がいる。イラストレーターの村松誠氏である。太田氏の属する、およそ三十年続く俳句結社、東京俳句倶楽部の、同人同士であるという。この二人の会話が楽しい。

「富山」の回では、『おくのほそ道』の市振の場面が話題になる。伊勢参りにゆく遊女二人が、芭蕉に道中同行を頼むが、芭蕉は断る箇所である。『おくのほそ道』に女性の登場人物は少ない。その中で、まことにほのかではあるが、恋の場面と読まれてきた箇所だ。

芭蕉はここで「一家《ひとつや》に遊女もねたり萩と月」と句を残した。この句に関して二人の次のような会話が交わされる。

「亀さん（村松氏の俳号亀次の略）や、萩と月は多すぎぬかね」

「七さん（太田氏の俳号七星の略）や、そうじゃのう」

ふたりは芭蕉の句を絶対なものとして、まつりあげない。季語を二つ、萩も月も出してしまっているのが、材料が多すぎると批判しているのである。そして、太田さんはなんと芭蕉の句を改作してしまうのである。

「一家に遊女もねたり虫の声、このくらいでよかないかい」

「隣室の遊女も虫の声を聞いていることだ」

芭蕉の原句は華麗だが、太田さんの大胆な改作になると、たしかに季語の部分のニュアンスが弱まったぶん、「一家に遊女もねたり」という箇所への思いが深まるような気もする。にわかに身近にも感じられてくる。芭蕉学者にはぜったいできない、このような自由な読みも貴重ではないか。

平泉での芭蕉の「夏草や兵どもが夢の跡」の鑑賞も、現代にも生きているこの句の意義を記して本格であった（「一関」）。「おくのほそ道・俳道修行はいつしか、みちのく味の旅に変わり」（「秋田」）と言いつつも、俳句のことは忘れられることはなく、毎回触れられている。本書を通して、『おくのほそ道』や芭蕉に親しみを持つ人もいよう。俳句を作りたくなる人もいよう。俳句入門書としての一面ももつ本書なのだ。

先に述べた『おくのほそ道』の市振のくだりには遊女が登場するが、芭蕉の歌仙（連句）には必ず、恋の句が詠まれた。本書にも魅力的な女性が登場している。

恋の色が濃いのは「秋田」。はたして秋田美人を見つけられるかどうか。文章は虚実の虚にもっとも傾く。「夜の川反《かわばた》通りは紅灯ともり流し歩きの気分がつのる。男二人に女が一人。流転の一座は亀次のハモニカにミホの水芸、おいらの口上か」。ミホは同行の女性編集者で、重要な登場人物のひとり。七星、亀次にしだいになじみ、魅力ある店を次々に発見していくところも、この書の読みどころのひとつだ。居酒屋初心者ミホの存在は、居酒屋研究もまた初心がたいせつということをものがたっている。七星、亀次、ミホそして、店に立つものたちの間に一期一会が重ねられていく。友と会い、友と酌む、生きるよろこびの核心が記されているのである。

最後に七星、亀次の俳句について記しておこう。ぼくがもっとも好きなのは次の二句。金沢、香林坊のおでん屋「高砂」での詠である。

蒟蒻に歯形残しておでん皿　七星
おでん酒槽に役者の揃ひけり　亀次

七星、「蒟蒻」の句は率直におでんを食べる喜びが記されている。こんにゃくを一口食べた後、おそらく酒を含んでいるわけだ。あえて技巧を抑え、率直さを押しだしたところに描写の鮮やかさがあらわれた。写実派七星の真骨頂。

亀次、「おでん酒」の句。おでん種が揃っていることを「役者の揃ひけり」と巧みに詠んだ。句の奥に加賀百万石の豊かさまで感じられてくる。技巧派亀次、面目躍如だ。

ふたりの句風は大きく違う。だからこそ、旅吟がさらに楽しくなっている。

ぼくも、芭蕉の句が詠まれた地を訪ねる旅を重ねている。これから行く新しい旅の荷に、本書を加えることができるのが、このうえなくうれしい。

補記

解説は、三月十一日午前中に自宅で書き終え、メールで送った。その日の午後二時四十六分、東北関東地方に大震災が来た。

解説は最終章以外の部分について記したものだ。その後、本書は発売延期となった。太田さんは、被災地へのやむにやまれぬ思いで、仙台を訪れ、最終章を書き加えた。太田氏と居酒屋との関わりは、取材者と取材対象というだけではない。もっと篤い。震災以前と以後、仙台周辺の風景は一変してしまった。しかし、居酒屋には変わらぬ主の笑顔と、変わらぬというより、より魅力を増した酒と肴とがある。ひとびとのたゆまぬ努力とみちのくの自然の豊かさとが、「変わらない日常」を店内には復旧させているのである。太田さんとともに東北の居酒屋の底知れぬ力に感動する。

（俳人）

南蛮居酒屋 89（やぐ） …………………… 山形県鶴岡市本町 2-15-23 ／ 0235-23-6189

新 潟

港すし ………………… 新潟県新潟市中央区古町通九番町 1454 番地／ 025-222-3710
酒亭　久本 ……………………… 新潟県新潟市中央区西堀前通九番町／ 025-222-3503
Jyozo ………………………………… 新潟県新潟市中央区古町通 9-1458 ／ 025-201-8241
居酒家　こばちゃん……… 新潟県新潟市中央区本町八番町 1364 ／ 025-222-7683
おふくろの味　案山子 ……新潟県新潟市中央区東堀前通 5-423 ／ 025-224-9401

富 山

親爺 ………………………………………………富山県富山市桜町 2-1-17 ／ 076-431-4415
白馬舘……………………………… 富山県富山市桜町 1-3-9 A1 ビル 2F ／ 076-432-0208
貝の店 岬 ………………………………………………富山県富山市桜町 1-4 ／ 076-433-0688
丹生庵（にうあん）………………………… 富山県富山市東岩瀬町 336 ／ 076-438-2003
米清 ………………………… 富山県富山市新富町 1-3-19 吉田ビル 1F ／ 076-441-8000
天使のわけまえ … 富山県富山市本町 9-13 マツモト本町ビル 3F ／ 076-442-3233
ジェリコの戦い ……………………………… 富山県富山市桜町 2-3-24 2F ／ 076-441-5261

金 沢

近江町食堂 ……………………… 石川県金沢市青草町 1 近江町市場内／ 076-221-5377
割烹　浜長 …………………………………… 石川県金沢市片町 2-27-24 ／ 076-233-3390
おでん　高砂 ……………………………………石川県金沢市片町 1-3-29 ／ 076-231-1018
倫敦屋酒場（バー） …………………………石川県金沢市片町 1-12-8 ／ 076-232-2671
大関 ……………………………… 石川県金沢市木倉町 1-5 中泉ビル 1F ／ 076-221-9450
酒房　猩猩（しょうじょう）……………………………………………………………………………
………………………… 石川県金沢市香林坊 2-12-15 割烹むら井ビル 1F ／ 076-222-2246
BARSPOON ……………石川県金沢市片町 1-5-8 シャトウビル 1F ／ 076-262-5514

The bar 佐藤……岩手県盛岡市大通 2-2-16 2F ／ 019-651-0701
ぴょんぴょん舎　駅前店……岩手県盛岡市盛岡駅前通 9-3 ／ 019-606-1067
愛染横丁……岩手県盛岡市中ノ橋通 1-3-21 ／ 019-651-9052
茶の間　桜山店……岩手県盛岡市内丸 5-17 ／ 019-651-4583
櫻山ブドウ園……岩手県盛岡市内丸 5-18 1F ／ 019-626-3908
酒飯堂さらさら……岩手県盛岡市内丸 6-14 2F ／ 019-624-0699
バロン……岩手県盛岡市大通 1-7-11 ／ 019-651-1485

弘　前

三忠食堂本店……青森県弘前市和徳町 164 ／ 0172-32-0831
山水……青森県弘前市北川端町 15 ／ 0172-37-1177
侍庵（たいあん）……青森県弘前市新鍛冶町 9-3 かくみ小路／ 0172-33-5139
名曲 & 珈琲 ひまわり……青森県弘前市坂本町 2 ／ 0172-35-4051
万茶ン……青森県弘前市土手町 36-6 ／ 0172-35-4663
ライブハウス　山唄……青森県弘前市大町 1-2-4 ／ 0172-36-1835
Cherry's Bar……青森県弘前市品川町 41-5 ／ 0172-36-8567

秋　田

酒盃（しゅはい）……秋田県秋田市山王 1-6-9 ／ 018-863-1547
レディ……秋田県秋田市大町 3-1-11 ／ 018-863-6855
北洲（ほくしゅう）……秋田県秋田市大町 4-1-11 ／ 018-863-1316
THE BAR 1980……秋田県秋田市大町 4-2-5 2F ／ 018-896-5359
コルク・ラウンジ……秋田県秋田市大町 3-2-31 2F ／ 018-862-0015
そば処　紀文……秋田県秋田市大町 6-2-4 ／ 018-823-8766

鶴　岡

川柳……山形県酒田市中町 2-6-9 ／ 0234-22-1188
いな舟……山形県鶴岡市本町 2-18-3 ／ 0235-22-1061
蕎麦福……山形県鶴岡市新形町 24-3 ／ 0235-25-3345
久村（くむら）の酒場……山形県酒田市寿町 1-41 ／ 0234-24-1935

とろろ料理・魚料理　麦とろ…………福島県会津若松市栄町 4-9／0242-24-9886
the bar cozy ……………………………… 福島県会津若松市栄町 8-19／0242-33-0752
鳥益 ……………………………………… 福島県会津若松市宮町 4-17／0242-32-8839
甲賀茶屋 ………………………………… 福島県会津若松市栄町 4-41／0242-24-0904
Irish Bar Craic ………………………… 福島県会津若松市栄町 8-8／0242-22-4867
大安食堂 ………………………………………福島県喜多方市 3-4865／0241-22-6268
さゆり食堂 ……………………… 福島県喜多方市字清水が丘 1-11／0241-23-1317

仙　台

利久　西口本店……………………………………………………………………………
……………………宮城県仙台市青葉区中央 1-6-1Herb 仙台ビル 5F／022-266-5077
文化横丁 源氏 …… 宮城県仙台市青葉区一番町 2-4-8 文化横丁／022-222-8485
一心 本店 …宮城県仙台市青葉区国分町 3-3-1 定禅寺ヒルズ B1／022-261-9888
桃水 … 宮城県仙台市青葉区国分町 2-7-7 あんでるせんビル 1F／022-222-1862
もつ鍋　正時浪（しょうじろう）……………………………………………………
………… 宮城県仙台市青葉区大町 2-4-1 グランドソレイユ大町 1F／022-268-3739
すし哲 ……………………………………………宮城県塩釜市海岸通 2-22／022-362-3261

一　関

あさひ鮨…………………………………… 岩手県一関市大手町 3-5／0191-26-3377
こまつ ……………………………………… 岩手県一関市大町 6-20／0191-23-5744
わらう月…………………………………… 岩手県一関市大町 5-41／0191-21-3943
シュガー・バー …… 岩手県一関市大町 3-61 ブリランテ大町 2F／0191-21-5858
喜の川………………… 岩手県一関市上大槻街 2-7 秀和ビル 1F／0191-26-5578
アビエント…………………………………岩手県一関市大手町 7-41／0191-26-3222

盛　岡

たかみ屋………………………………… 岩手県盛岡市肴町 3-20／019-622-4901
とらや ……………………………… 岩手県盛岡市南大通 1-5-8／019-623-6745
MASS　**酒をよぶ食卓** ………………………岩手県盛岡市内丸 5-3／019-651-1510

掲載店ガイド

千　住

土手の伊勢屋 ………… 東京都台東区日本堤 1-9-2 ／ 03-3872-4886
田中屋 ………… 東京都足立区千住橋戸町 13 ／ 03-3882-2200
大はし ………… 東京都足立区千住 3-46 ／ 03-3881-6050
藤や ………… 東京都足立区千住 2-35 ／ 03-3870-6677
朋蔵 ………… 東京都足立区千住 1-34-10 ／ 03-3879-6083
砂場 ………… 東京都荒川区南千住 1-27-6 ／ 03-3891-5408

宇都宮

宇都宮みんみん本店 ………… 栃木県宇都宮市馬場通り 4-2-3 ／ 028-622-5789
餃子専門店 正嗣（まさし）宮島店 …………
………… 栃木県宇都宮市馬場通り 4-3-18 ／ 028-622-7058
庄助 ………… 栃木県宇都宮市塙田 2-2-3 ／ 028-622-3506
酒処 ふきのとう ………… 栃木県宇都宮市泉町 5-10 ／ 028-624-2240
バー・シャモニー …… 栃木県宇都宮市江野町 10-2 オリオン通り／ 028-636-8760
夢酒（ムッシュ）OGAWA パイプのけむり …………
………… 栃木県宇都宮市泉町 2-19 ／ 028-621-9281
カクテルバー タナカ … 栃木県宇都宮市泉町 2-15 大草ビル 1F ／ 028-643-4134
パイプのけむり武井 …………
………… 栃木県宇都宮市本町 4-1 マホロバビル C 館 1F ／ 028-627-6891
古舎（こしゃ）………… 栃木県宇都宮市中央本町 1-2 ボタンビル 1F ／ 028-636-5700
蔵元 ………… 栃木県宇都宮市塙田 2-5-2 三十屋ビル 1F ／ 028-625-6637
そば処 神橋庵（日光食堂）…………
………… 栃木県日光市上鉢石町 1024 日光物産商会 1F ／ 0288-54-1108

会　津

会津居酒屋　籠太（かごた）………… 福島県会津若松市栄町 8-49 ／ 0242-32-5380

初出　オール讀物（文藝春秋）
千住　二〇〇八年六月号／宇都宮　八月号／会津　十月号
仙台　十二月号／一関　二〇〇九年二月号／盛岡　四月号
弘前　六月号／秋田　八月号／鶴岡　十月号／新潟　十二月号
富山　二〇一〇年二月号／金沢　四月号
希望の光——あとがきにかえて／二〇一一年六月号
（「おくのほそ道居酒屋再訪」をタイトル変更）

画／村松誠
構成／鹿島潤

本書は文春文庫オリジナルです

文春文庫

居《い》酒《ざか》屋《や》おくのほそ道《みち》

定価はカバーに表示してあります

2011年8月10日　第1刷

著　者　太《おお》田《た》和《かず》彦《ひこ》
画　村《むら》松《まつ》　誠《まこと》

発行者　村上和宏
発行所　株式会社　文藝春秋

東京都千代田区紀尾井町 3-23　〒102-8008
TEL 03・3265・1211
文藝春秋ホームページ　http://www.bunshun.co.jp

落丁、乱丁本は、お手数ですが小社製作部宛お送り下さい。送料小社負担でお取替致します。

印刷製本・凸版印刷

Printed in Japan
ISBN978-4-16-780131-1

（　）内は解説者。品切の節はご容赦下さい。

池波正太郎
ル・パスタン
Le passe-temps
仮病を使ってでも食べたかった祖母の〈スープ茶漬け〉、力のつく〈大蒜うどん〉、欠かせない観劇、映画、田舎旅行。粋人が百四のささやかな楽しみを絵と文で織りなす。オールカラー収録。
い-4-50

石井好子
パリ仕込みお料理ノート
三十年前、歌手としてデビューしたパリで、食いしん坊に開眼した著者が綴った、料理とシャンソンのエッセイ集。読んだらきっと食べたくなり、作ってみたくなる料理でいっぱい。

い-10-1

池澤夏樹
垂見健吾　写真
神々の食
「食べ物を作るという仕事は、神様の仕事に近いのかもしれない」。沖縄の食の伝統を支える人びと、味覚の数々。旅する作家と南方写真師が訪ね歩いた食の現場・三十五景。　（新城和博）
い-30-7

池部　良
風の食いもの
戦前の東京の食卓の風景。戦中、陸軍に召集された新兵時代のメシ、そして、大陸へ渡り前線での中華的食事や南方へ送られた島で終戦まで生き延びるための食等々、人生折々の食の風景。

い-31-3

勝谷誠彦
食の極道
マルチな才能で活躍する勝谷誠彦さんだが、その本籍は紀行家。日本各地の旨いものをたずね、旨い酒を飲み、素晴らしい人びととの交友を綴った名文がたっぷり味わえるオリジナル文庫。

か-47-1

小林カツ代
お料理さん、こんにちは
喋るも食うも命がけ
あの小林カツ代にも料理の初心者だった時代があった。生まれて初めて作った料理は、ほうれん草の油炒め。初めての味噌汁では大失敗。抱腹絶倒の台所修業記、初の文庫化。　（石坂　啓）
こ-31-1

小泉武夫
くさいはうまい
納豆、味噌、腐乳、くさや、チーズなど世界中のくさいものを食べ歩いてきた〝味覚人飛行物体〝かっ〟発酵仮面〟の著者が文字通り、身体を張って食べたくさいもののにおい立つエッセイ。

こ-36-1

（　）内は解説者。品切の節はご容赦下さい。

里見真三
すきやばし次郎 旬を握る
前代未聞！　パリの一流紙が「世界のレストラン十傑」に挙げた江戸前握りの名店の仕事をカラー写真を駆使して徹底追究。本邦初公開の近海本マグロ断面をはじめ、思わず唸らされる。

さ-35-1

高橋邦弘
そば屋　翁
僕は生涯そば打ちでいたい
東京・南長崎、八ヶ岳・長坂で、全国のそば好きを唸らせた手打ちそばの店『翁』。その主人が語るレジェンド・オブ・そば。読めば必ず、あなたもそばが食べたくなる。走れ、そば屋へ。
た-51-1

高山なおみ
帰ってから、お腹がすいてもいいようにと思ったのだ。
高山なおみが本格的な「料理家」になる途中のサナギのようなころの、落ち着かなさ、不安さえ見え隠れする淡い心持ちを綴ったエッセイ集。なにげない出来事が心を揺るがす。　（原田郁子）
た-71-1

辰巳芳子
家庭料理のすがた
旬は風土の愛し子　人も風土の愛し子
家庭料理はプロの料理とは違う。時間のある時に「まとめ仕事」でだしをひき、下調理をしておけば、本調理は三、四十分で終わる——著者の「展開料理」の真髄を学べるエッセイ&レシピ。
た-73-1

野中　柊
きらめくジャンクフード
人生に必要なのは、愛と勇気とジャンクフードなのだ！　ハンバーガーやポップコーン、アップルパイにあんみつ、たこやきまで48種を厳選したエッセイ集。幸せのレシピをご堪能あれ。

の-13-2

野地秩嘉《つねよし》
おいしい野菜のおかず
料理のわき役的存在だった野菜の味が見直されている。手間をかけて作られた野菜のおいしさを生産者に聞き、それを使った料理のおいしさをシェフに聞き、そのレシピを再現。

の-15-1

野地秩嘉
娘に贈る家庭の味
赤坂「津やま」もてなしの心
愛娘ふたりが嫁ぐとき、家庭料理の基本を教えてやりたい——赤坂の名割烹の主人が、豚の角煮、エビフライ、ポテトサラダなど家庭の日常料理をわかりやすく伝えた教科書。　（谷村新司）
の-15-2

（　）内は解説者。品切の節はご容赦下さい。

早川　光
鮨水谷の悦楽
ミシュランで三つ星を獲得した「鮨水谷」。毎月変化する鮨ネタを追いかけ、主人に話を聞き込み、現在の日本を代表する鮨屋のすべてに鋭く迫る。読めばあなたも食べたくなります！
は-33-1

早川　光
日本一江戸前鮨がわかる本
『鮨水谷の悦楽』の著者が今度は、〝江戸前鮨〟とは何かを鮨ビギナーにもわかりやすく解説。鮨を見分ける四大ポイント、初心者でも安心できる食べ方、全国各地の名店の数々など、情報満載。
は-33-2

平野恵理子
ふつつか台所自慢
日々の暮らしをつづるイラストエッセイで人気の著者が、毎日立つ台所を楽しくするヒントや手軽で美味しい料理を紹介するイラストエッセイ集。毎日のごはんはふつうがいちばん。
ひ-18-1

平松洋子
世の中で一番おいしいのはつまみ食いである
キャベツをちぎる、鶏をむしる、トマトをつぶす……手を使って料理すると驚くほどおいしくなる。料理にとって「手」がいかに重要かを楽しく綴った料理エッセイ集。　（穂村　弘）
ひ-20-1

クレア　編　柳　忠之　監修・文
手みやげは極旨ワイン！
人気ショップの予算別のお薦めワイン、カリスマソムリエが休日に楽しむリラックスワイン、スパークリングから国産ワインまで百本以上をご紹介。ハンディなカラー版ワインガイド。
食-1-1

堀井和子
こんなふうに食べるのが好き
10人のこだわり　10人のおいしい
「朝食のシリアルは〈アラビア〉のバラティッシで」「大福は北欧アンティークのお皿で」——食いしんぼうのスタイリスト・堀井さんがたずねる10人のおいしいものと素敵なこだわり。
食-2-1

藤田千恵子
極上の調味料を求めて
醬油は香川、お酢は天の橋立、かつお節は鹿児島・枕崎……。日本全国の製造元へ飛んだ食のルポ。じっくりと丁寧に作られたこだわりの醱酵調味料は、シンプルな素材をご馳走に変える！
食-3-1

（　）内は解説者。品切の節はご容赦下さい

星野真澄
日本の食卓からマグロが消える日
クロマグロ輸入全面禁止を求める動きなど、日本にとって厳しい時代だが、一番問題なのは中国富裕層の魚食化で、魚が来なくなること。世界の魚争奪戦を描く骨太ノンフィクション。
食-4-1

猪口ゆみ
世界でいちばん〝おいしい〟仕事
「セコムの食」突撃バイヤーの美味開拓記
突然社命が……。お取り寄せ通販「セコムの食」のただひとりのバイヤーとして、命がけで漁船に乗り込んだり、超ガンコな職人たちと対峙し、究極の一品を探し出す元看護師ＯＬの奮戦記！
食-5-1

アンドリュー・トッドハンター（高山祥子 訳）
タイユバンの優雅な食卓
パリの三つ星レストランの中でもひときわ名高いタイユバン。厨房に見習いとして入り込み裏側を取材した後、客としてディナーに臨むが――サービスの真髄ここにあり。（こぐれひでこ）
ト-4-1

魚柄仁之助
元気食　実践マニュアル155
超簡単・激安・ヘルシーな食生活を説きつづけて人気の著者が読者の要望に応えて披露した155の技。目からウロコのアイデア、子供からお年寄りまで喜ぶ美味メニューを満載した実践篇。
P20-1

小山裕久
右手に包丁、左手に醤油
大阪「吉兆」で修業し、徳島の名料亭「青柳」を継いだ主人が、食の真髄を求めて、国内やフランス、北京、シンガポールなど世界を訪ねつつ考えた日本料理の「原理」をつづった随筆集。
P20-4

江口まゆみ
ニッポン全国酒紀行
酔っぱライター飲み倒れの旅
デンキブラン、ホッピーなど日本オリジナルの酒を制覇し、ソムリエ、バーテン修業に体当たり。〝うまい酒が飲みたい!!〟の一念で酔っぱライターが日本全国を飲み歩く突撃ルポルタージュ。
P20-13

伊丹由宇
超こだわりの店乱れ食い
探しまくり、食べまくり、飲みまくり、人々とのうるわしい出会いを求め続ける自称〝食の狩人〟の「ビッグコミックオリジナル」誌人気コラムをもとに、二千軒の中から厳選した百一軒。
P20-14

（　）内は解説者。品切の節はご容赦下さい。

マーク・ピーターセン
ワインデイズ
私はいかにしてワインに取り憑かれてしまったのか。日本に住む一人のアメリカ人大学教授の赫々《かくかく》たるワイン遍歴。ナポリ、シチリア、スペイン、チリ等々。今晩のワインに迷ったら……。

P20-16

朝田今日子
オリーブオイルのおいしい生活
ウンブリア田舎便り
オリーブの収穫、豚の解体、トマトの瓶詰め、村の栗祭り。イタリアの田舎に暮らす主婦が、体に優しく美味しい本場家庭料理のレシピと、村の人々のシンプルな生活を写真満載で紹介。
P20-24

伊丹由宇
超こだわりの店百番勝負
ご存知〝食の狩人〟が探し求めた伝統の味、努力の味、噂の隠れた名物絶品の味。安くて、旨くて、人情味豊かな居心地満点の店案内。食の情報サイトをしのぐ〝驚きの味の店〟第二弾！

P20-25

岸　久
スタア・バーへ、ようこそ
日本人初の世界カクテルコンクールのチャンピオンが優しくナビゲートする銀座の「バー」のお作法の数々。これさえ読めば本格的バーの敷居も高くない。カクテルレシピもあります。

P20-29

沖村かなみ
おいしおす　京都みやげ帖
京都ならではのうまいもんだけを徹底ガイド。詳細なお取り寄せデータ・地図も収録。自宅でも旅先でも京の味を楽しみ尽くせる一冊。文庫化にあたり新店も加えた最新版、全百十二店舗！

P20-32

工藤佳治
中国茶めぐりの旅
上海・香港・台北
上海・香港・台北と、中国茶の原点を訪ねる旅をコース別に案内し、茶館を巡って本場の茶の楽しみ方を紹介する。あわせておいしい淹れ方から茶具、各地の美味なる料理屋さんも紹介。
P40-9

左能典代《さのふみよ》
岩茶《がんちゃ》のちから
中国茶はゴマンとあるが、なぜ岩茶か？

古来、中国の皇帝たちに献上され、毛沢東も虜にした中国・武夷山で育まれる岩茶。一杯飲むと陶酔、忘我の境地へと誘う、その謎めいた名茶の秘密を、岩茶研究の第一人者が解き明かす。

P40-23

（　）内は解説者。品切の節はご容赦下さい

伊集院 静
旅行鞄にはなびら
アルルからサン・レミへ。ゴッホに導かれて遭遇したアーモンドの木。ミロのアトリエを訪ねたマヨルカ島。絵と花をこよなく愛する著者による紀行エッセイ集。カラー挿画、福山小夜。

い-26-14

小林泰彦
日本百低山
標高1500メートル以下の名山100プラス1
低山にも名山あり。標高1500メートル以下の山々を全国から百山選んだ親本に、新たにプラス1。さらに登山情報をアップデート。低山歩きの名人が厳選した低山ガイドの決定版！
こ-42-1

田中澄江
花の百名山
高尾山に行けばフクジュソウに会える。山と花を愛し、日本中の山々を踏破した著者が、四季折々の花と山の結びつきを百山選びぬき、歴史や伝説、著者の思い出を描くエッセイ集。

た-14-1

中丸 明
スペイン、とっておき！
リピート率上位のスペイン。ツアー・パンフには載ってなく、ツアコンも教えず、もちろん『地球の歩き方』にも見当たらない、旅行客には知りえない本当のスペイン、ここにあります。

な-40-4

野田知佑
ユーコン漂流
カヌーは水上の禅である。苦しく辛い極北の地での心あたたかき人々との邂逅、そして別れ。地の果てにゆったりと過ぎゆく至上の時間――。漕げ、ベーリング海まで。ただ独り、征け！

の-5-5

野田知佑
少年記
昭和二十年代、戦後復興に沸く製鉄の町、北九州・八幡の喧騒を嫌い、〈ぼく〉は伯父と兄のいる熊本の田園に休みのたびに通う。多感な少年の、自然と人との交流と成長を描いた自伝の傑作。

の-5-8

林 望
イギリスはおいしい
まずいハズのイギリスは美味であった!?　嘘だと思うならご覧あれ――イギリス料理を語りつつ、イギリス文化の香りも味わえる日本エッセイスト・クラブ賞受賞作。文庫版新レセピ付き。

は-14-2

文春文庫　旅のたのしみ

（　）内は解説者。品切の節はご容赦下さい。

林　望
イギリスは愉快だ
テレビでのスポーツ中継を前におもいを巡らし、紅茶の時間にふと考える。はたまた個人主義の伝統とは……リンボウ先生の筆致が冴える、好評『イギリスはおいしい』につづく第二弾！
は-14-3

星野道夫
旅をする木
正確に季節が巡るアラスカの大地と海。そこに住むエスキモーや白人の陰翳深い生と死を味わい深い文章で描く。「アラスカとの出合い」「カリブーのスープ」など全三十三篇。（池澤夏樹）
ほ-8-1

星野道夫
長い旅の途上
シベリアで取材中、クマに襲われて亡くなった著者が残した76篇のエッセイ。過酷な大地を見守り続けた写真家が綴った、人間と自然が織りなす緊張感に満ちた優しい眼差しと静謐な世界。
ほ-8-2

星野博美
転がる香港に苔は生えない
中国返還直前の香港。街の安アパートに暮らす著者が、夢を見続けることをやめない香港の人々の素顔を追った、二年間の記録。第三十二回大宅壮一ノンフィクション賞受賞作。
ほ-11-2

星野博美
謝々《シエシエ》！チャイニーズ
ベトナム国境から上海まで、中国・華南地方を、埃だらけの長距離バスに乗って旅をした。自由化の波を受けた中国の人々の等身大の姿を描いた鮮烈なノンフィクション。（斎藤美奈子）
ほ-11-3

村上春樹・吉本由美・都築響一
東京するめクラブ　**地球のはぐれ方**
村上隊長を先頭に、好奇心の赴くまま「ちょっと変な」所を見てまわった、トラベルエッセイ。挑んだのは魔都・名古屋、誰も知らない江の島、ゆる〜いハワイ、最果てのサハリン……。
む-5-8

横尾忠則
インドへ
ビートルズに触発され、三島由紀夫に決定づけられて訪れたインド。芸術家の過敏な感性をコンパスとして、宇宙と自己、自然と芸術を考える異色旅行記。カラー口絵二十二ページ付。
よ-2-1